Novelas Cortas para Aprender Alemán

Historias cortas en Alemán para principiantes

Hans Fischer

Este libro se ha diseñado utilizando recursos de www.freepik.com

greenthumbpublishing@gmail.com

Contenido

Introducción

Leer en una lengua extranjera es una de las formas más eficaces de mejorar las habilidades lingüísticas y ampliar el vocabulario. Sin embargo, a veces puede ser difícil encontrar materiales de lectura atractivos y de un nivel adecuado que proporcionen una sensación de logro y de progreso. La mayoría de los libros y artículos escritos para hablantes nativos pueden ser demasiado largos y difíciles de entender o pueden tener un vocabulario de muy alto nivel, por lo que te sientes abrumado y te rindes. Si estos problemas le resultan familiares, ¡este libro es para usted!

Novelas Cortas para Aprender Alemán es una colección de 25 historias cortas poco convencionales y entretenidas que están diseñadas para ayudar a los estudiantes de Alemán de nivel principiante a intermedio a mejorar sus habilidades lingüísticas. Estas historias cortas crean un ambiente de apoyo a la lectura al incluir;

-contenido lingüístico rico en diferentes géneros para mantenerlo entretenido y exponerlo a una variedad de formas de palabras.
-Historias más cortas en capítulos para darle la satisfacción de terminar las historias y progresar rápidamente.
-Los textos están escritos a su nivel para que sean más fáciles de comprender y no abrumen.

Encontrarás la traducción al español en páginas alternas para que puedas consultarla directamente

línea por línea mientras lees la historia en Alemán.

El vocabulario clave aparece en negrita en la historia y en la traducción para ayudarle a entender más fácilmente las palabras que no conoce.

Preguntas para evaluar su comprensión de los acontecimientos clave y animarle a leer más a fondo.

Así que, tanto si quieres ampliar tu vocabulario como mejorar tu comprensión o simplemente leer por diversión, este libro es el mayor paso adelante que darás en tus estudios este año. Novelas Cortas para Aprender Alemán te dará todo el apoyo que necesitas, así que siéntate, relájate y deja volar tu imaginación mientras te transportas a un mundo mágico de aventuras, misterio e intriga... ¡en Alemán!

Cómo leer con eficacia

La lectura es un talento difícil de dominar. Utilizamos una serie de microhabilidades para ayudarnos a leer en nuestras lenguas maternas. Por ejemplo, podemos hojear un pasaje para entender a grandes rasgos el contenido. También podemos leer numerosas páginas de un horario de tren para buscar una hora o un lugar concretos. Mientras que estas microhabilidades son naturales cuando leemos en nuestra lengua materna, las investigaciones revelan que solemos olvidar la mayoría de ellas cuando leemos en una lengua extranjera. Cuando aprendemos una lengua extranjera, solemos empezar por el principio de un texto y nos abrimos paso a través de él, tratando de entender cada una de las palabras. Inevitablemente, nos encontramos con términos desconocidos o complejos y nos sentimos molestos por nuestra incapacidad para comprenderlos.

Una de las mayores ventajas de leer en una lengua extranjera es que se está expuesto a un gran número de frases y expresiones que se utilizan en situaciones cotidianas. La lectura extensiva es un término utilizado para describir la lectura por placer con el fin de aprender un idioma. No es como la lectura de un libro de texto, cuando las conversaciones o los textos están diseñados para ser leídos lenta y cuidadosamente con el objetivo de comprender cada palabra. "Lectura intensiva" se refiere a la lectura que se realiza para alcanzar objetivos específicos de aprendizaje o

completar tareas. Dicho de otro modo, la lectura intensiva de libros de texto suele ayudar al aprendizaje de reglas gramaticales y vocabulario concreto, pero la lectura extensiva de cuentos ayuda al aprendizaje del lenguaje natural.

Aunque es posible que haya comenzado su viaje de aprendizaje de idiomas únicamente con libros de texto, le ofreceremos la oportunidad de aprender más sobre la lengua inglesa natural en uso. A continuación le ofrecemos algunas indicaciones que debe tener en cuenta al leer las historias de este libro para sacar el máximo provecho de ellas: Cuando se trata de leer, el disfrute y la sensación de logro son fundamentales. Uno sigue volviendo a por más porque disfruta con lo que lee. Leer cada historia de principio a fin es la mejor manera de disfrutar de la lectura de historias y sentirse realizado. Por eso, lo más importante es llegar al final de una historia. De hecho, es más crucial que saberse todas las palabras.

Cuanto más leas, más conocimientos adquirirás. Si lees libros largos por placer, comprenderás rápidamente cómo funciona el Alemán. Sin embargo, ten en cuenta que para obtener todos los beneficios de la lectura extensiva, primero debes leer un volumen suficientemente importante. Leer unas pocas páginas aquí y allá puede enseñarle algunas palabras nuevas, pero no supondrá una diferencia significativa en su nivel general de Alemán.

La guía de lectura

Para aprovechar al máximo la lectura de Short Stories in English for Intermediate Learners, lo mejor será que sigas este sencillo proceso de lectura en seis pasos para cada capítulo de los cuentos:

Lee el título del capítulo. Piensa en qué podría tratarse la historia. A continuación, lee la historia hasta el final. Tu objetivo es simplemente llegar al final de la historia. Por tanto, no te detengas a buscar palabras y no te preocupes si hay cosas que no entiendes. Simplemente intenta seguir la trama.

Cuando llegues al final de la historia, escudriña la traducción al español para ver si has entendido lo que ha sucedido y recoge el contexto que hayas podido perder.

Vuelve a leer la misma historia. Si quieres, puedes centrarte más en los detalles de la historia que antes, pero si no, simplemente vuelve a leerla.

A continuación, trabaja con las Comprehension Questionsen Alemán para comprobar que has entendido los acontecimientos clave de la historia. Si no entiendes del todo las preguntas, no te preocupes. Utiliza tus conocimientos para responder lo mejor posible.

Llegados a este punto, debería comprender en cierta medida los principales acontecimientos del capítulo. Si no es así, puedes releer el capítulo varias veces

utilizando la traducción para comprobar las palabras y frases desconocidas hasta que te sientas seguro.

Una vez que esté preparado y confíe en que entiende lo que ha sucedido -ya sea después de una o varias lecturas de la historia-, pase a la siguiente historia y siga disfrutando de ella a su propio ritmo, como haría con cualquier otro libro. Sólo una vez que haya completado una historia en su totalidad, debería considerar la posibilidad de volver atrás y estudiar el lenguaje de la historia con más profundidad, si así lo desea. O, en lugar de preocuparse por entenderlo todo, tómese el tiempo necesario para concentrarse en todo lo que ha entendido y felicitarse por todo lo que ha hecho.

Novelas Cortas

para Aprender Alemán

Hans Fischer

Street Food probieren

Das erste Mal, dass ich deutsches Streetfood gegessen habe, war während einer Reise nach Berlin. Ich **erinnere mich, dass ich** eine gefühlte Ewigkeit in der Schlange stand, aber das war es wert, als ich endlich diese leckere Currywurst in die Finger bekam. Die Wurst war so saftig und die Currysauce war perfekt. Auch die knusprigen Pommes frites, die es dazu gab, fand ich klasse. Es war eine so einfache Mahlzeit, aber sie hat **fantastisch** geschmeckt. Seitdem bin ich süchtig nach **deutschem** Straßenessen. Wann immer ich in Berlin bin, muss ich mir eine Currywurst und Pommes besorgen (und manchmal sogar eine Brezel oder zwei). Aber auch wenn ich nicht in Deutschland bin, sehne ich mich von Zeit zu Zeit nach diesen Geschmacksrichtungen. Deshalb habe ich mich entschlossen, mein eigenes deutsches Street Food zu Hause zuzubereiten. Es bedurfte einiger Versuche (und einer Menge Essen), aber **schließlich habe** ich meine eigene Version der Currywurst perfektioniert. **Wenn ich** jetzt Lust auf etwas Herzhaftes und Würziges habe, brauche ich nur den Grill anzuwerfen und ein paar Würstchen zuzubereiten! Ich stand in der Schlange vor dem Currywurststand, und mir lief das Wasser im Mund zusammen. Ich konnte den Geruch der gegrillten Würstchen riechen und mein Magen knurrte.

Endlich war ich an der Reihe, zu bestellen. "Eine Currywurst bitte", sagte ich, während ich ein paar Euro

Probar la comida de la calle

La primera vez que comí comida **callejera** alemana fue durante un viaje a Berlín. **Recuerdo haber hecho una** cola que me pareció eterna, pero mereció la pena cuando por fin tuve en mis manos esa deliciosa currywurst. La salchicha estaba muy jugosa y la salsa de curry era perfecta. También me encantaron las crujientes patatas fritas que la acompañaban. Era una comida tan sencilla, pero tenía **un** sabor **increíble**. Desde entonces, me he enganchado a la comida callejera **alemana**. Siempre que estoy en Berlín, me aseguro de tomar mi dosis de currywurst y patatas fritas (y a veces incluso un pretzel o dos). Pero incluso cuando no estoy en Alemania, de vez en cuando se me antojan esos sabores. Por eso decidí intentar hacer mi propia comida callejera alemana en casa. Me costó un poco de ensayo y error (y mucho comer), pero **finalmente** perfeccioné mi propia versión de currywurst. Ahora, **cada vez que me** apetece algo contundente y sabroso, lo único que tengo que hacer es encender la parrilla y cocinar unas salchichas. Estaba en la cola del puesto de Currywurst, con la boca haciéndose agua. Podía oler las salchichas que se estaban asando y me hacía rugir el estómago.

Finalmente, me tocó pedir. "Un currywurst, por favor", dije mientras entregaba unos euros. La mujer del mostrador sonrió y me puso una salchicha caliente **y**

übergab. Die Frau hinter dem Tresen lächelte und legte mir eine **dampfend** heiße Wurst auf einen Pappteller. Dann **spritzte** sie etwas Currysauce darüber und gab eine Handvoll Pommes dazu, bevor sie mir das Ganze überreichte. Ich nahm mein Essen und suchte mir einen Platz an einem der nahe gelegenen Picknicktische. Dann stürzte ich mich darauf und genoss jeden Bissen dieses köstlichen **deutschen** Straßenessens. Die Wurst war saftig und würzig, und die Currysauce gab genau die richtige Menge an Schärfe hinzu. Und die knusprigen Pommes frites waren perfekt, um sie in die extra Portion Soße zu tunken! Ich spazierte durch die Straßen Berlins und nahm alle Sehenswürdigkeiten und Geräusche in mich auf. Die Stadt war voller Menschen, und es gab so viele Dinge zu sehen.

Ich kam an einigen **Straßenhändlern vorbei**, die alles von Brezeln bis hin zu **Würstchen** verkauften, aber mein Magen war schon voll vom Mittagessen, also ging ich weiter. Plötzlich duftete es nach Currywurst, und mir lief das Wasser im Mund zusammen. Ich konnte nicht widerstehen, noch einen letzten Snack zu mir zu nehmen, bevor ich mich auf den Weg zu meinem Hotelzimmer machte. Also machte ich mich auf den Weg zum Currywurststand und stellte mich in die Schlange. Ein paar **Minuten** später hatte ich eine leckere Wurst mit Currysauce in der Hand. Ich fand einen freien Platz an einem Picknicktisch in der Nähe und setzte mich hin, um meine Leckerei zu genießen. Die Wurst war saftig und schmackhaft, und das Curry gab ihr genau die richtige Würze. Es war eine so einfache Mahlzeit, aber sie hat fantastisch geschmeckt!

humeante en un plato de papel. Luego le **echó** un
poco de salsa de curry por encima y añadió un puñado
de patatas fritas antes de entregármelo todo. Cogí la
comida y busqué un sitio para sentarme en una de las
mesas de picnic cercanas. Entonces me puse a comer,
saboreando cada bocado de esa deliciosa comida
callejera **alemana**. La salchicha era jugosa y sabrosa,
mientras que la salsa de curry añadía la cantidad
justa de especias. Y esas crujientes patatas fritas
eran perfectas para mojar en ese trozo de salsa extra.
Caminaba por las calles de Berlín, contemplando todas
las vistas y sonidos. La ciudad estaba llena de gente y
había muchas cosas que ver.

Pasé por delante de unos cuantos **vendedores
ambulantes** que vendían de todo, desde pretzels hasta
salchichas, pero mi estómago ya estaba lleno por el
almuerzo, así que seguí caminando. De repente, el
olor a currywurst se extendió por el aire y se me hizo
la boca agua, así que no pude resistirme a **tomar** un
último tentempié antes de volver a mi habitación. Así
que me dirigí al puesto de currywurst y me puse en la
cola. Unos **minutos** después, tenía en mis manos una
deliciosa salchicha bañada en salsa de curry. Encontré
un lugar vacío en una mesa de picnic cercana y me
senté a disfrutar de mi delicia. La salchicha era jugosa y
sabrosa, mientras que el curry añadía la cantidad justa
de especias. Era una comida tan sencilla, pero tenía un
sabor increíble.

Verständnisfragen

1. Was sagt die Autorin über ihre ersten Erfahrungen mit deutschem Streetfood?

2. Was sagt der Autor über die Wurst?

3. Was sagt der Autor über die Currysauce?

4. Was sagt der Autor über die Pommes frites?

5. Was sagt der Autor über das deutsche Straßenessen im Allgemeinen?

6. Was sagt die Autorin über ihre Vorliebe für deutsches Straßenessen?

7. Was sagt der Autor über den Versuch, deutsches Straßenessen zu Hause zuzubereiten?

8. Was sagt die Autorin über das zweite Mal, als sie deutsches Straßenessen gegessen hat?

9. Was sagt der Autor über den Geruch von Currywurst?

Preguntas de comprensión

1. ¿Qué dice la autora sobre su primera experiencia con la comida callejera alemana?

2. ¿Qué dice el autor sobre la salchicha?

3. ¿Qué dice el autor sobre la salsa de curry?

4. ¿Qué dice el autor sobre las patatas fritas?

5. ¿Qué dice el autor sobre la comida callejera alemana en general?

6. ¿Qué dice la autora sobre su antojo de comida callejera alemana?

7. ¿Qué dice el autor sobre el intento de hacer comida callejera alemana en casa?

8. ¿Qué dice la autora sobre la segunda vez que comió comida callejera alemana?

9. ¿Qué dice el autor sobre el olor del currywurst?

Brandenburger Tor

Das Brandenburger Tor war einst ein Symbol für Hoffnung und Freiheit. Doch jetzt erinnert es an die dunklen Tage der Vergangenheit. Das Tor ist mit Graffiti **beschmiert**, und der Boden rundherum ist mit Müll übersät. Es ist Jahre her, dass jemand diesen Ort besucht hat. Aber heute **ist etwas**
ist anders. Eine junge Frau nähert sich dem Tor und zögert einen Moment, bevor sie hindurch tritt. Sie schaut sich die **Trostlosigkeit** und Traurigkeit um, die sie umgibt, und kann sich eines Gefühls der Verzweiflung nicht erwehren. Doch dann sieht sie etwas, das ihren Blick fesselt: eine einzelne Blume, die aus den Rissen im Pflaster wächst. Sie bückt sich, um sie aufzuheben, denn sie spürt, dass sie jemand von der anderen Straßenseite aus beobachtet. Als sie aufblickt, sieht sie einen alten Mann, der sie **aufmerksam anschaut**. Er sagt nichts, aber er nickt leicht mit dem Kopf, als wolle er "Willkommen" sagen. Die Frau lächelt ihm zu, bevor sie sich abwendet und in Richtung Stadtzentrum **geht**. Sie weiß, dass es hier noch Menschen gibt, denen dieser Ort am Herzen liegt; Menschen, die ihn noch nicht aufgegeben haben.

Vielleicht werden andere eines Tages sehen, was sie sieht: dass es auch in der Dunkelheit Schönheit geben kann; dass es auch in der **Traurigkeit** Hoffnung geben kann. Die Frau geht durch die Straßen der Stadt und nimmt die Sehenswürdigkeiten und Geräusche um sich herum in sich auf. Sie war noch nie an diesem Ort,

Puerta de Brandemburgo

La Puerta de Brandemburgo fue en su día un símbolo de esperanza y libertad. Pero ahora es un recuerdo de los días oscuros del pasado. La puerta está **cubierta** de grafitis y el suelo que la rodea está lleno de basura. Hace años que nadie visita este lugar. Pero hoy **algo** es diferente. Una joven se acerca a la puerta y duda un momento antes de atravesarla. Mira a su alrededor la **desolación** y la tristeza que la rodean y no puede evitar un sentimiento de desesperación. Pero entonces ve algo que le llama la atención: una sola flor que crece en las grietas del pavimento. Se agacha para recogerla, sintiendo que alguien la observa desde el otro lado de la calle. Cuando levanta la vista, ve a un anciano que la mira **con atención**. No dice nada, pero asiente ligeramente con la cabeza, como si dijera "bienvenida". La mujer le sonríe antes de darse la vuelta y **caminar** hacia el centro del pueblo. Sabe que todavía hay gente aquí que se preocupa por este lugar; gente que aún no se ha rendido.

Tal vez un día otros vean lo que ella ve: que puede haber belleza incluso en la oscuridad; que puede haber esperanza incluso en la **tristeza**. La mujer camina por las calles de la ciudad, observando las vistas y los sonidos que la rodean. Nunca ha estado en este lugar, pero siente una conexión con él. Tal vez sea porque conoce lo que solía ser; tal vez sea **porque** puede ver lo que podría ser de nuevo. Cuando se **acerca** al centro

aber sie fühlt sich mit ihm verbunden. Vielleicht liegt es daran, dass sie weiß, was es einmal war; vielleicht liegt es **daran, dass** sie sehen kann, was es wieder sein könnte. Als sie **sich dem** Stadtzentrum nähert, hört sie Musik aus einer der Seitenstraßen. Es ist eine wunderschöne Melodie, die sie mit Hoffnung erfüllt. Sie folgt dem Klang, bis sie zu einem kleinen Park kommt, in dem ein alter Mann auf seiner Geige für jeden, der zuhören will, spielt. Sie setzt sich auf eine Bank und schließt die Augen, um sich von der Musik berieseln zu lassen. Als er aufhört zu spielen, öffnet sie die Augen, und **um sie herum ertönt** Beifall. Der alte Mann verbeugt sich höflich, packt sein Instrument ein und geht.

Die **Frau** bleibt noch eine Weile im Park und genießt die Ruhe und den Frieden, bevor sie in ihr Hotelzimmer zurückkehrt. Als sie in dieser Nacht einschläft, träumt sie von einer Zeit, in der diese Stadt wieder lebendig ist, in der die Menschen wieder stolz sind, in der ihre Tore für alle offen sind, die nach Freiheit suchen. Die Frau steht wieder am Brandenburger Tor, aber dieses Mal ist sie nicht allein. Menschen aus der ganzen Welt sind gekommen, um dieses einst große **Symbol** der Hoffnung und der Freiheit zu sehen. Das Tor ist **gereinigt** und die Umgebung in einen schönen Park verwandelt worden. Freude und Optimismus liegen in der Luft, und die Frau kann sich des Gefühls nicht erwehren, dass jetzt **alles** möglich ist. Sie weiß, dass diese Stadt ihren Anteil an der Dunkelheit hatte, aber sie weiß auch, dass die Menschen hier stark genug sind, alles zu überwinden.

de la ciudad, oye música procedente de una de las calles laterales. Es una hermosa melodía que la llena de esperanza. Sigue el sonido hasta que llega a un pequeño parque donde un anciano toca su violín para quien quiera escucharlo. Se sienta en un banco y cierra los ojos para dejarse llevar por la música. Cuando deja de tocar, abre los ojos y los aplausos resuenan **a su alrededor**. El anciano se inclina cortésmente, recoge su instrumento y se va.

La **mujer se queda un** rato en el parque, disfrutando de la paz y la tranquilidad, antes de volver a su habitación de hotel. Mientras se duerme esa noche, sueña con una época en la que esta ciudad vuelve a estar viva, en la que la gente vuelve a estar orgullosa, en la que sus puertas están abiertas a todos los que buscan la libertad. La mujer se encuentra de nuevo ante la Puerta de Brandemburgo, pero esta vez no está sola. Personas de todo el mundo han acudido a ver este, en otro tiempo, gran **símbolo** de esperanza y libertad. La puerta se ha **limpiado** y los alrededores se han transformado en un hermoso parque. La alegría y el optimismo están en el aire, y la mujer no puede evitar sentir que ahora **todo es** posible. Sabe que esta ciudad ha tenido su parte de oscuridad, pero también sabe que la gente de aquí es lo suficientemente fuerte como para superar cualquier cosa. Ya lo han demostrado volviendo a la vida, reconstruyendo lo perdido y abriendo de nuevo sus brazos al mundo.

Verständnisfragen

1. Wo befindet sich das Brandenburger Tor?

2. Wie sieht das Brandenburger Tor heute aus?

3. Wann wurde das Brandenburger Tor gebaut?

4. Was ist das Brandenburger Tor, das als Symbol dient?

5. Was ist das Brandenburger Tor heute für ein Symbol?

6. Wie viele Tore gibt es am Brandenburger Tor?

7. Wie viele Menschen können durch das Brandenburger Tor gehen?

8. Was ist, wenn man durch das Brandenburger Tor geht?

9. Wie fühlt sich die Frau, als sie das Brandenburger Tor sieht?

Preguntas de comprensión

1. ¿Dónde está la Puerta de Brandemburgo?

2. ¿Qué aspecto tiene hoy la Puerta de Brandemburgo?

3. ¿Cuándo se construyó la Puerta de Brandemburgo?

4. ¿Qué símbolo tiene la Puerta de Brandemburgo?

5. ¿Qué símbolo tiene hoy la Puerta de Brandemburgo?

6. ¿Cuántas puertas hay en la Puerta de Brandemburgo?

7. ¿Cuántas personas pueden pasar por la Puerta de Brandemburgo?

8. ¿Qué pasa cuando se atraviesa la Puerta de Brandemburgo?

9. ¿Cómo se siente la mujer cuando ve la Puerta de Brandemburgo?

Biergarten in München

Die Sonne ging über der Stadt München unter, und der **Biergarten füllte sich** langsam mit Menschen. Die Luft war dick mit dem Geruch von Hopfen und Malz, und der Klang von Lachen und **Gesprächen** erfüllte die Luft. Überall im Garten waren Tische aufgestellt, und die Kellner waren damit beschäftigt, Bestellungen aufzunehmen und Getränke **zu servieren**. In einer Ecke spielte eine Band traditionelle **deutsche Musik**, und die Leute tanzten zu den flotten Klängen. Es war ein perfekter Abend, um mit Freunden ein kühles Bier im Freien zu genießen. Und genau das tat Hans Müller jeden Abend nach der Arbeit. Er setzte sich an seinen Lieblingstisch in der Nähe des Musikpavillons, trank ein paar Bier, hörte Musik, plauderte mit alten und neuen Freunden und sah zu, wie Paare um ihn herum im Takt der Musik tanzten. Der heutige Abend schien auf den ersten Blick wie jeder andere Abend zu sein. Doch als Hans sich umsah, **bemerkte er, dass** heute Abend etwas anders war: Es schienen mehr Familien als sonst da zu sein. Die Eltern saßen an den Tischen und unterhielten sich, während ihre **Kinder** herumliefen und Spiele spielten oder sich gegenseitig **von** Tisch zu Tisch jagten. Es dauerte nicht lange, bis Hans war er von lachenden Kindern umgeben, die um ihn herum Fangen spielten.

Er musste über ihre **Unschuld** schmunzeln, denn sie

Cervecería en Múnich

El sol se ponía sobre la ciudad de Múnich y la
cervecería empezaba a llenarse de gente. El aire
estaba impregnado de olor a lúpulo y malta, y el sonido
de las risas y las **conversaciones** llenaba el ambiente.
Hay mesas por todo el jardín y los camareros están
ocupados tomando pedidos y **sirviendo** bebidas. En un
rincón había una banda que tocaba música tradicional
alemana y la gente bailaba al ritmo de las animadas
melodías. Era una noche perfecta para disfrutar de
una cerveza fría al aire libre con los amigos. Y eso es
exactamente lo que hacía Hans Muller cada noche
después del trabajo. Se sentaba en su mesa **favorita**,
cerca del quiosco de música, se tomaba unas cervezas,
escuchaba la música, charlaba con viejos y nuevos
amigos y observaba cómo las parejas bailaban a su
alrededor al ritmo de la música. A primera vista, esta
noche parecía una noche cualquiera. Pero cuando
Hans miró a su alrededor **se dio cuenta de que había**
algo diferente en el público de esta noche: parecía
haber más familias que de costumbre. Los padres
estaban sentados en las mesas charlando mientras sus
hijos correteaban jugando o persiguiéndose **entre** las
mesas. No pasó mucho tiempo antes de que Hans
se encontró rodeado de niños que reían mientras
jugaban al pilla-pilla a su alrededor.

No pudo evitar sonreír ante su **inocencia**; le recordó

erinnerte ihn an seine eigene Kindheit in **München**. Hans Müller liebte seine Stadt, und er liebte den Biergarten. Es war ein Ort, an dem Menschen aus allen Gesellschaftsschichten zusammenkamen, um sich zu entspannen, Kontakte zu knüpfen und einfach den **Genuss** eines kalten Bieres an einem warmen Abend zu genießen. Er kam schon seit Jahren hierher, seit er alt genug war, um zu trinken. Und in all dieser Zeit hatte er es noch nie so **voll** mit Familien gesehen. Die Kinder, die **zwischen den** Tischen herumliefen, waren voller Energie, ihr Lachen erfüllte die Luft. Sie schienen so viel Spaß zu haben, dass es Hans glücklich machte, ihnen zuzusehen, und er **erinnerte sich daran, wie es** war, so jung und sorglos zu sein. Plötzlich rannte eines der Kinder in ihn hinein und stieß **versehentlich** sein Bierglas um.

Hans schimpfte leicht mit dem Kind, konnte sich aber ein Lachen nicht verkneifen; es weckte **Erinnerungen** an die Zeit, in der er **selbst** solche Dinge getan hatte. Nach einer Weile verspürte Hans wieder Durst, also ging er zur Bar, um sich **ein weiteres** Bier zu holen. Während er auf sein Getränk wartete, bemerkte er eine Gruppe von Kindern, die sich um einen der Tische versammelt hatte. Sie zeigten auf etwas und lachten. Neugierig ging Hans hinüber, um zu sehen, was sie anschauten. Es war ein Baby, das auf dem Boden unter dem Tisch herumkrabbelte. Hans Müller saß an seinem Lieblingstisch in der Nähe des **Musikpavillons,** trank sein Bier und **beobachtete**, wie sich Familien im Münchner Biergarten vergnügten.

su propia infancia en **Múnich**. Hans Muller amaba su ciudad y la cervecería al aire libre. Era un lugar al que acudía gente de todo tipo para relajarse, socializar y disfrutar del simple **placer** de una cerveza fría en una noche cálida. Llevaba años viniendo aquí, desde que tenía edad para beber. Y en todo ese tiempo nunca lo había visto tan **lleno** de familias. Los niños que correteaban **entre** las mesas estaban llenos de energía y sus risas llenaban el aire. Parecía que se divertían mucho; a Hans le hacía feliz el mero hecho de verlos; **recordaba** lo que era ser joven y despreocupado de esa manera. De repente, uno de los niños chocó con él tirando **accidentalmente** su vaso de cerveza.

Hans regañó ligeramente al niño, pero no pudo evitar reírse también; le trajo **recuerdos** de cuando él **mismo** hacía cosas así. Al cabo de un rato, Hans empezó a sentir sed de nuevo, así que fue al bar a por **otra** cerveza. Mientras esperaba su bebida, se fijó en un grupo de niños reunidos alrededor de una de las mesas. Señalaban algo y se reían. Curioso, Hans se acercó a ver qué estaban mirando. Era un bebé que gateaba por el suelo bajo la mesa. Hans Muller se sentó en su mesa **favorita**, cerca **del quiosco de música,** bebiendo su cerveza y **observando** cómo las familias se divertían en la cervecería de Múnich. Se sintió feliz al ver a todos esos niños corriendo y divirtiéndose; le recordó su propia infancia creciendo en esta ciudad.

Verständnisfragen

1. Was sagt der Autor über den Geruch in der Luft?

2. Was macht Hans Müller jede Nacht?

3. Was fällt Hans Müller auf, was an der Menge heute Abend anders ist?

4. Woran erinnern die Kinder Hans Müller?

5. Was denkt Hans Müller über die herumlaufenden Kinder?

6. Was macht Hans Muller am liebsten im Biergarten?

7. Was denkt Hans Müller über die Familien im Biergarten?

Preguntas de comprensión

1. ¿Qué dice el autor sobre el olor del aire?

2. ¿Qué hace Hans Muller cada noche?

3. ¿Qué nota Hans Muller que es diferente en el público esta noche?

4. ¿A qué le recuerdan los niños a Hans Muller?

5. ¿Qué piensa Hans Muller de los niños que corren por ahí?

6. ¿Qué es lo que más le gusta hacer a Hans Muller en la cervecería?

7. ¿Qué piensa Hans Muller de las familias en la cervecería?

Weihnachtsmarkt

Es war ein kalter Wintertag, und der Weihnachtsmarkt war in vollem Gange. Die **Stände** waren festlich geschmückt, und die Luft war erfüllt vom Geruch von Glühwein und gerösteten Kastanien. Ich **schlenderte** umher und nahm all die Sehenswürdigkeiten und Geräusche des **Marktes in mich auf**, als ich plötzlich etwas entdeckte, das mein Herz zum Stillstand brachte. Vor mir stand ein Stand, an dem handgefertigtes Holzspielzeug verkauft wurde. Und zwischen all den anderen Spielsachen stach mir eines sofort ins Auge - eine **wunderschöne** kleine Nussknackerpuppe. Ich wusste **sofort,** dass ich sie haben musste. Ich sprach die Verkäuferin an und fragte, wie viel sie kostete. Sie sagte mir, dass sie fünfzig **Dollar** kostete **- mehr** als ich jemals zuvor für ein Spielzeug bezahlt hatte! Aber ich zögerte nicht, übergab das Geld und nahm meinen neuen Schatz in Besitz.

Sobald ich zu Hause war, konnte ich es kaum erwarten, mehr über meine neue Nussknackerpuppe herauszufinden. Soweit ich es von ihrem schlichten Aussehen her beurteilen konnte, schien sie ziemlich alt zu sein... aber wer wusste das schon so genau? Nachdem ich im Internet **recherchiert hatte**, fand ich heraus, dass diese Art von Puppen in Deutschland in den 1800er Jahren sehr beliebt war - was bedeutete, dass mein kleiner **Nussknacker** weit über 200 Jahre alt sein könnte! Wenn ich nur daran denke, fühle ich mich noch mehr mit ihm verbunden.

Mercado de Navidad

Era un frío día de invierno y el mercado **navideño** estaba en pleno apogeo. Los **puestos estaban engalanados** con decoraciones festivas y el aire estaba lleno de olor a vino caliente y castañas asadas. **Paseaba por el mercado, disfrutando de** todas sus vistas y sonidos, cuando de repente vi algo que me hizo parar el corazón. Delante de mí había un puesto de juguetes de madera hechos a mano. Y entre todos los juguetes, había uno que me llamó la atención de inmediato: un **precioso** muñeco cascanueces. Supe **al instante** que tenía que tenerlo. Me acerqué a la vendedora y le pregunté cuánto costaba. Me dijo que costaba cincuenta **dólares, más** de lo que había pagado nunca por un juguete. Pero no lo dudé, le entregué el dinero y tomé posesión de mi nuevo tesoro.

En cuanto llegué a casa, me moría de ganas de saber más sobre mi nueva muñeca **cascanueces**. Por su simple apariencia, parecía ser bastante antigua... pero ¿quién lo sabía con seguridad? Después de **investigar** un poco en Internet, descubrí que este tipo de muñecas eran muy populares en Alemania durante el siglo XIX, lo que significaba que mi pequeño **cascanueces** podía tener más de 200 años. El mero hecho de pensar en ello me hizo sentir aún más apego por él.
Ahora que sabía un poco más sobre mi nuevo juguete, era el momento de ponerle un nombre. Tras muchas **deliberaciones**, me decidí por "Klaus", por el **famoso** personaje popular alemán que trae regalos a los niños en Navidad. Parecía el nombre perfecto. Klaus se

Da ich nun etwas mehr über mein neues Spielzeug wusste, war es an der Zeit, ihm (oder ihr) einen Namen zu geben. Nach reiflicher **Überlegung** entschied ich mich für "Klaus" - nach der **berühmten** deutschen Volksfigur, die Kindern zur Weihnachtszeit Geschenke bringt. Das schien perfekt zu passen. Klaus wurde schnell zu einem geschätzten Mitglied unserer Familie. Von da an nahm er jedes Jahr in der Weihnachtszeit einen stolzen Platz auf unserem Kaminsims ein. Und jedes Jahr verbrachte ich einige Zeit damit, mit ihm zu plaudern und ihm alles zu erzählen, was in meinem Leben passiert war, seit wir das letzte Mal miteinander gesprochen hatten. Es mag albern klingen, aber ich hatte das Gefühl, dass er mir wirklich zuhörte und alles verstand, was ich sagte!

Im Laufe der Jahre, als jedes **Weihnachten** kam und ging, wurde **Klaus** mehr als nur eine Puppe für mich... er wurde mein Freund. Dann, ein Jahr später, änderte sich alles. Ich wachte am Weihnachtsmorgen auf und stellte fest, dass Klaus nicht mehr auf dem Kaminsims stand. Zuerst dachte ich, er müsse **über Nacht** heruntergefallen und zerbrochen sein... aber **nirgends war eine** Spur von ihm zu sehen. Danach habe ich Klaus nie wieder gesehen - aber auch wenn er nicht mehr da ist, wird er immer einen **besonderen** Platz in meinem Herzen haben. Wenn ich jetzt den **Weihnachtsmarkt** besuche, nehme ich mir immer einen Moment Zeit, um die Nussknackerpuppen zu betrachten, die dort verkauft werden... und manchmal frage ich mich sogar, ob eine von ihnen mein alter Freund Klaus sein könnte, **der** zurückkommt, um noch einmal Hallo zu sagen.

convirtió rápidamente en un miembro muy querido de nuestra familia. A partir de entonces, todos los años ocupaba un lugar privilegiado en la repisa de la chimenea durante las fiestas. Y todos los años, pasaba un rato charlando con él, contándole todo lo que había pasado en mi vida desde la última vez que hablamos. Puede parecer una tontería, pero tenía la sensación de que realmente me escuchaba y entendía todo lo que le decía.

A lo largo de los años, con cada **Navidad que** pasaba, **Klaus se convirtió en** algo más que un muñeco para mí... se convirtió en mi amigo. Entonces, un año después, todo cambió. Me desperté la mañana de Navidad y descubrí que Klaus había desaparecido de la repisa de la chimenea. Al principio, pensé que se había caído y roto **de la noche a la mañana...** pero no había rastro de él **en ninguna parte**. Nunca más volví a ver a Klaus, pero aunque ya no esté, siempre ocupará un lugar **especial** en mi corazón. Ahora, cada vez que visito el mercado de **Navidad, me** tomo un momento para mirar los muñecos cascanueces que están a la venta... y a veces incluso me pregunto si uno de ellos podría ser mi viejo amigo Klaus, **que** vuelve para saludar una vez más.

Verständnisfragen

1. Was war die erste Reaktion des Protagonisten, als er die Nussknackerpuppe sah?

2. Wie viel hat der Protagonist für die Nussknackerpuppe bezahlt?

3. Wie hat der Protagonist die Nussknackerpuppe genannt?

4. Wo ist die Nussknackerpuppe hingegangen, als der Protagonist am Weihnachtsmorgen aufgewacht ist?

5. Warum glaubt der Protagonist, dass die Nussknackerpuppe verschwunden ist?

6. Was macht der Protagonist, wenn er jetzt den Weihnachtsmarkt besucht?

7. Welche Nachforschungen hat der Protagonist über die Herkunft der Nussknackerpuppe angestellt?

8. Welche Gefühle hat der Protagonist gegenüber der Nussknackerpuppe?

Preguntas de comprensión

1. ¿Cuál fue la reacción inicial del protagonista al ver el muñeco cascanueces?

2. ¿Cuánto pagó el protagonista por la muñeca cascanueces?

3. ¿Cómo llamó el protagonista a la muñeca cascanueces?

4. ¿A dónde fue el muñeco cascanueces cuando el protagonista se despertó la mañana de Navidad?

5. ¿Por qué cree el protagonista que la muñeca cascanueces ha desaparecido?

6. ¿Qué hace ahora el protagonista cuando visita el mercado de Navidad?

7. ¿Cuál fue la investigación del protagonista sobre el origen de la muñeca cascanueces?

8. ¿Qué sentimiento tiene el protagonista hacia la muñeca cascanueces?

Hamburger Hafen

Der Hamburger Hafen ist ein geschäftiger Ort. **Schiffe** aus der ganzen Welt kommen und gehen, und es gibt immer etwas zu sehen. Ich wollte schon immer einmal dorthin und bekam schließlich die Gelegenheit, als meine Freundin mich **einlud**, sie auf einem Ausflug zu begleiten. Wir kamen früh am Morgen an, gerade als die Sonne ging auf. Die Luft war kalt, aber frisch, und der Geruch von Salzwasser war belebend. Wir gingen hinunter zu den Docks, **wo** wir die Schiffe sehen konnten, die in den Hafen ein- und ausliefen. Es gab so viele davon! Und sie waren alle so unterschiedlich - manche klein und schnittig, andere groß und **träge**. Es war erstaunlich, wie präzise sie in ihre Liegeplätze hinein- und herausmanövrierten. Dabei sahen wir ein Schiff einlaufen, das den **bunten** Flaggen an den Masten nach zu urteilen aus Afrika oder vielleicht sogar aus Indien stammen könnte.

Meine Freundin erzählte mir, dass diese Art von Schiff als **Frachter** bezeichnet wird, weil es keine Passagiere, sondern Fracht befördert, wie die meisten anderen Schiffe heutzutage. Sie sagte, dass man manchmal Leute an Deck **arbeiten** sieht, während das Schiff durch den Hafen fährt - könnt ihr euch das vorstellen? Aber heute war niemand **an Bord** zu sehen, außer oben im Krähennest, wo jemand hoch über allem, was unter ihm an Deck passiert, Ausschau hielt. Nachdem wir das Treiben **im Hafen** eine Weile beobachtet hatten,

Puerto de Hamburgo

El puerto de Hamburgo es un lugar bullicioso. **Barcos** de todo el mundo van y vienen, y siempre hay algo que ver. Siempre había querido visitarlo, y por fin tuve la oportunidad cuando mi amiga me **invitó** a acompañarla en un viaje. **Llegamos por la** mañana temprano, justo cuando
el sol estaba saliendo. El aire era frío pero fresco, y el olor del agua salada era vigorizante. Bajamos hasta los muelles, **donde** pudimos ver los barcos que entraban y salían del puerto. Había tantos. Y todos eran tan diferentes: algunos eran pequeños y elegantes, otros grandes y de aspecto **lento**. Era increíble verlos entrar y salir de sus amarres con tanta precisión. Mientras observábamos, vimos llegar un barco que parecía provenir de África o incluso de la India, a juzgar por sus **coloridas** banderas que ondeaban en los mástiles.

Mi amiga me dijo que este tipo de barco se llama **carguero** porque lleva carga en lugar de pasajeros, como la mayoría de los barcos de hoy en día. Me dijo que a veces se puede ver a gente **trabajando** en la cubierta incluso mientras el barco se mueve por el puerto -¿te imaginas?-, pero hoy no se veía a nadie **a bordo, excepto en la cofa**, donde alguien estaba de vigía por encima de todo lo que ocurría abajo, en el nivel de la cubierta. Después de observar la actividad **del puerto** durante un rato, decidimos pasear y explorar. Hamburgo es una gran ciudad y hay mucho que ver. Caminamos por calles estrechas llenas

beschlossen wir, ein wenig herumzulaufen und die Stadt zu erkunden. Hamburg ist eine große Stadt, und es gab so viel zu sehen. Wir spazierten durch schmale Straßen mit Geschäften und Cafés, vorbei an Kirchen und Regierungsgebäuden, bis wir schließlich am berühmten Fischmarkt ankamen. Der Markt war bereits in vollem Gange, obwohl es noch früh **am Morgen war**. Die Verkäufer riefen ihre Waren in einer Mischung aus **Deutsch** und Englisch an und versuchten, Kunden an ihre Stände zu locken. Die Luft war dick mit dem Geruch von Meeresfrüchten - einige frisch und köstlich duftend, andere nicht so sehr.

Aber das alles trug zu der **festlichen** Atmosphäre des Ortes bei. Wir schlenderten eine Weile herum und nahmen alle Sehenswürdigkeiten und Geräusche (und Gerüche!) des Marktes in uns auf, bevor wir uns schließlich entschlossen, bei einem der Verkäufer, die **gegrillte** Garnelenspieße anboten, etwas **zu essen**. Nach dem Mittagessen gingen wir zurück zum Hafengebiet und beschlossen, eine Fahrt mit einem der Ausflugsboote zu machen, die Touren durch den Hafen anbieten. Das war eine tolle Möglichkeit, alles aus der Nähe zu sehen und mehr über die Geschichte **Hamburgs** und seines Hafens zu erfahren. Wir fuhren an allen möglichen Schiffen vorbei - Frachtern, Passagierschiffen und sogar einigen alten Segelschiffen, die aussahen, als gehörten sie in ein Museum.

de tiendas y cafés, pasando por iglesias y edificios gubernamentales, hasta que finalmente llegamos al famoso mercado de pescado. El mercado ya estaba en pleno apogeo, aunque todavía era **temprano**. Los vendedores gritaban sus productos en una mezcla de **alemán** e inglés, tratando de atraer a los clientes a sus puestos. El aire estaba impregnado de olor a marisco. frescos y de delicioso olor, otros no tanto.

Pero todo ello contribuyó al ambiente **festivo** del lugar. Estuvimos paseando un rato, disfrutando de las vistas y los sonidos (y los olores) del mercado antes de decidirnos a comprar algo de **comida** a uno de los vendedores de brochetas de gambas **a la parrilla**. Después de comer, volvimos a la zona del puerto y decidimos dar un paseo en uno de los barcos **turísticos** que dan vueltas por el puerto. Fue una forma estupenda de ver todo de cerca y aprender más sobre la historia de **Hamburgo** y su puerto. Pasamos por delante de todo tipo de barcos: cargueros, transatlánticos e incluso algunos veleros antiguos que parecían pertenecer a un museo. El guía nos fue señalando datos **interesantes** sobre cada uno de ellos y nos contó historias sobre algunos de los personajes famosos que habían navegado por Hamburgo a lo largo de los años. Finalmente, volvimos a la orilla, donde nos despedimos de mi amigo y comenzamos a caminar hacia nuestro hotel.

Verständnisfragen

1. Wie heißt die Stadt, die der Autor besucht hat?

2. Was hielt der Autor von den Menschen in Köln?

3. Wie heißt die berühmte Kathedrale in Köln?

4. Was hält der Autor von der Kathedrale?

5. Was hat der Autor in der Kathedrale gemacht?

6. Wie fand der Autor die Aussicht vom Turm der Kathedrale?

7. Was hat der Autor zu Abend gegessen?

8. Wo befand sich das Restaurant?

9. Wie fand der Autor das Essen?

Preguntas de comprensión

1. ¿Cómo se llama la ciudad que visitó el autor?

2. ¿Qué pensaba el autor de la gente de Colonia?

3. ¿Cómo se llama la famosa catedral de Colonia?

4. ¿Qué pensaba el autor de la catedral?

5. ¿Qué hizo el autor en la catedral?

6. ¿Qué le pareció al autor la vista desde lo alto de la torre de la catedral?

7. ¿Qué cenó el autor?

8. ¿Dónde estaba situado el restaurante?

9. ¿Qué le pareció al autor la comida?

Der Schwarzwald

Als ich den Schwarzwald betrete, werde ich sofort von der Dunkelheit eingehüllt. Die **Bäume** stehen so dicht **beieinander**, dass sie das meiste Licht ausblenden, und das einzige Geräusch ist das Knirschen der Blätter unter meinen Füßen. Ich spüre eine **Vorahnung**, als ich immer tiefer in den **Wald eindringe**, und bald kann ich den Weg hinter mir nicht mehr sehen. Ich gehe weiter, obwohl ich nicht sicher bin, wohin ich gehe oder was ich finden werde. Plötzlich bewegt sich etwas vor mir, und ich zucke erschrocken zurück. Es ist nur ein Reh, aber es erschreckt mich trotzdem. Während es davonhüpft, denke ich darüber nach, wie leicht man sich hier verlaufen kann. Ich wandere weiter durch den Schwarzwald und behalte
halten Sie Ausschau nach Anzeichen von **Zivilisation**.

Die Sonne geht langsam unter, und ich weiß, dass ich bald einen Unterschlupf finden muss. Ich höre ein Rascheln im **Gebüsch** und werde nervös, aber es ist nur ein weiteres Reh. Ich entspanne mich etwas, **gehe** aber weiter. Es wird jetzt dunkel, und ich habe immer noch keine Spur gefunden, die einer Fährte ähnelt. Plötzlich sehe ich in der Ferne ein Licht und **laufe darauf zu**. Als ich näher komme, sehe ich, dass es aus einer Hütte kommt. Erleichterung macht sich in mir breit, als ich zur Hütte gehe und an die Tür klopfe. Nach ein paar **Augenblicken öffnet** eine alte Frau die Tür. Sie sieht **überrascht** aus, mich zu sehen, aber sie bittet mich herein und bietet mir an, einen Tee zu

La Selva Negra

Al entrar en la Selva Negra, me envuelve
inmediatamente la oscuridad. Los **árboles** están tan
juntos que bloquean la mayor parte de la luz, y el
único sonido es el crujido de las hojas bajo mis pies.
A medida que me voy adentrando en el **bosque,**
tengo una sensación de **temor** y pronto dejo de ver
el camino que hay detrás de mí. Sigo caminando,
aunque no estoy seguro de adónde voy ni de lo que
voy a encontrar. De repente, algo se mueve delante
de mí y doy un salto hacia atrás con un suspiro. Es
sólo un ciervo, pero me sobresalta. Mientras se aleja,
pienso en lo fácil que sería perderse en este lugar. Sigo
caminando por la Selva Negra, manteniendo
un ojo atento a cualquier signo de **civilización**.

El sol empieza a ponerse y sé que tengo que encontrar
pronto un refugio. Oigo un crujido en los **arbustos** y
me pongo tenso, pero es sólo otro ciervo. Me relajo
un poco, pero sigo **avanzando**. Está oscureciendo
y todavía no he encontrado nada que se parezca a
un rastro. De repente, veo una luz en la distancia
y empiezo a **caminar** hacia ella. Al acercarme, veo
que proviene de una cabaña. El alivio me invade, me
acerco a la cabaña y llamo a la puerta. Al cabo de
unos **instantes**, una anciana abre la puerta. Parece
sorprendida de verme, pero me invita a entrar y se
ofrece a preparar un té. Acepto agradecida su oferta
y me siento junto al fuego. La anciana comienza a
hablarme del **bosque**. Dice que es un lugar mágico,
lleno de secretos y maravillas. Me cuenta que una

kochen. Ich nehme ihr Angebot dankend an und setze mich ans Feuer. Die alte Frau beginnt, mir von dem **Wald zu erzählen**. Sie sagt, es sei ein magischer Ort, voller Geheimnisse und Wunder. Sie erzählt mir, dass sie einmal ein Einhorn im Wald gesehen hat, und ich kann nicht anders, als ihr zu glauben. Während wir so dasitzen und reden, fühle ich, wie meine Sorgen dahinschmelzen.

Ich war gerade dabei, mich zu entspannen, als ich plötzlich **draußen** ein Geräusch hörte. Es hört sich an, als würde etwas **auf die** Hütte zukommen. Ich schnappe mir schnell mein Messer und verstecke mich hinter der Tür. Als ich durch den Spalt spähe, sehe ich einen großen schwarzen Bären auf seinen Hinterbeinen laufen. Er schnüffelt herum und scheint mich noch nicht gesehen zu haben. Ich bin mir nicht sicher, was ich tun soll. Ich warte, was **mir** wie eine Ewigkeit vorkommt, aber schließlich geht der Bär weg. Ich stoße einen Seufzer der Erleichterung aus und lege mein Messer weg. Einfach
Als ich gerade wieder ins Bett gehen will, höre ich draußen **etwas** anderes. Diesmal hört es sich an, als würden Leute reden. Ich nehme wieder mein **Messer** und schleiche zum Fenster, um zu sehen, wer es ist. Es ist eine Gruppe von dunkel gekleideten Männern, die ihre Gesichter bedeckt haben. Sie **tragen** große Säcke, und es sieht so aus, als ob sie auf das Haus nebenan zugehen würden. Ich weiß nicht, was sie vorhaben, aber es kann nichts Gutes sein. Schnell schleiche ich mich vom Fenster weg und gehe die **Treppe** wieder hinunter.

vez vio un unicornio en el bosque y no puedo evitar creerla. Mientras nos sentamos a hablar, siento que mis preocupaciones se desvanecen.

Por fin empezaba a relajarme cuando, de repente, oigo un ruido **fuera**. Parece que algo se **acerca a** la cabaña. Rápidamente tomo mi cuchillo y me escondo detrás de la puerta. Al asomarme por la rendija, veo un gran oso negro caminando sobre sus patas traseras. Está olfateando y no parece haberme visto todavía. No sé qué hacer. Espero lo que parece una eternidad, pero el oso finalmente se aleja. Dejo escapar un suspiro de alivio y guardo mi cuchillo. Sólo
Cuando estoy a punto de volver a la cama, oigo **algo** más fuera. Esta vez parece que la gente está hablando. Vuelvo a coger mi **cuchillo** y me arrastro hacia la ventana para ver de quién se trata. Es un grupo de hombres con ropa oscura, con la cara cubierta. **Llevan** grandes sacos y parece que se dirigen a la casa de al lado. No sé qué pretenden, pero no puede ser nada bueno. Me alejo rápidamente de la ventana y vuelvo a bajar **las escaleras**. Tengo que encontrar una forma de salir de aquí antes de que esos hombres entren. Me escabullo por la puerta trasera y corro de vuelta al pueblo en el que me encontraba fuera del bosque.

Verständnisfragen

1. Wie heißt die Stadt, die der Autor besucht hat?

2. Was hielt der Autor von den Menschen in Köln?

3. Wie heißt die berühmte Kathedrale in Köln?

4. Was hält der Autor von der Kathedrale?

5. Was hat der Autor in der Kathedrale gemacht?

6. Was hält der Autor von der Aussicht von der Spitze der Kathedrale?

7. Was hat der Autor zu Abend gegessen?

8. Wo war das Restaurant?

9. Wie hat der Autor das Essen empfunden?

Preguntas de comprensión

1. ¿Cómo se llama la ciudad que visitó el autor?

2. ¿Qué pensaba el autor de la gente de Colonia?

3. ¿Cómo se llama la famosa catedral de Colonia?

4. ¿Qué pensaba el autor de la catedral?

5. ¿Qué hizo el autor en la catedral?

6. ¿Qué le pareció al autor la vista desde lo alto de la catedral?

7. ¿Qué cenó el autor?

8. ¿Dónde estaba el restaurante?

9. ¿Qué le pareció al autor la comida?

Kölner Dom

Ich wollte schon immer einmal Köln besuchen. Ich hatte schon so viel über die Stadt und ihren berühmten Dom gehört. Als ich eingeladen wurde, an einer Konferenz teilzunehmen, bekam ich endlich die Gelegenheit dazu. Ich kam an einem sonnigen Tag im Juni in Köln an. Das erste, was mir auffiel, war, wie sauber und gut gepflegt die Stadt war. **Überall, wo** ich hinsah, gab es Blumen und Bäume. Und die Menschen! Sie waren so freundlich und hilfsbereit, immer bereit, stehen zu bleiben und zu plaudern oder mir den Weg zu zeigen. Ich hatte gehört, dass die **Kathedrale** wirklich eine beeindruckende Sehenswürdigkeit ist. Seine gewaltige Größe ist **atemberaubend**, und im Inneren ist es so friedlich, trotz der Tausenden von Menschen, die ihn jeden Tag besuchen. Ich beschloss, den Kölner Dom zu besuchen, während ich in Köln war. Ich nahm den Bus von meinem Hotel und erreichte das **prächtige** Bauwerk innerhalb einer Stunde.

Nachdem ich eine Weile die Fassade bewundert hatte, ging ich hinein und war **von** der Größe des Gebäudes **überwältigt**. Es war ein unwirkliches Gefühl, an einem so historischen Ort zu stehen. Ich spazierte durch die Kathedrale, bewunderte ihre schöne Architektur und erfuhr etwas über ihre Geschichte. Ich besuchte auch die Schatzkammer, in der viele unschätzbare Artefakte aufbewahrt werden. Ich war **sofort** von der hoch aufragenden gotischen **Architektur** beeindruckt. Nachdem ich einige Minuten lang die Außenfassade bewundert hatte, machte ich mich auf den Weg

Catedral de Colonia

Siempre había querido visitar Colonia. Había oído hablar mucho de la ciudad y de su famosa catedral. Por fin tuve mi oportunidad cuando me invitaron a asistir a una conferencia allí. Llegué a Colonia en un soleado día de junio. Lo primero que me **llamó la atención** fue lo limpia y bien cuidada que estaba la ciudad. **Dondequiera que** mirara, había flores y árboles. Y la gente. Eran muy amables y serviciales, siempre dispuestos a pararse a charlar u ofrecer indicaciones. Había oído que la **catedral** es una vista realmente increíble. Su enorme tamaño es **impresionante,** y su interior es tan tranquilo, a pesar de los miles de personas que la visitan cada día. Decidí visitar la catedral de Colonia mientras estaba en la ciudad. Tomé el autobús desde mi hotel y llegué a la **magnífica** estructura en una hora.

Después de admirar su fachada durante un rato, entré y me quedé **asombrado** por su tamaño. Era surrealista estar en un lugar tan histórico. Caminé por la catedral, admirando su hermosa arquitectura y aprendiendo sobre su historia. También visité el tesoro, que alberga muchos objetos de valor incalculable. Me impresionó **de inmediato** su **arquitectura** gótica. Después de admirar el exterior durante unos minutos, entré. El interior de la catedral era aún más impresionante que el exterior. El espacio cavernoso estaba iluminado por la **luz del sol que** entraba por las vidrieras. Me dediqué a **pasear** y a observar todos los detalles de este increíble edificio antes de subir a lo alto de una de sus torres.

ins Innere. Das Innere der Kathedrale war sogar noch atemberaubender als die Außenansicht. Der höhlenartige Raum wurde durch **Sonnenlicht** erhellt, das durch die Buntglasfenster hereinfiel. Ich verbrachte einige Zeit damit, herumzulaufen und alle Details dieses unglaublichen Gebäudes in mich aufzunehmen, bevor ich mich auf die Spitze eines der Türme begab. Von dort oben hatte ich einen atemberaubenden Blick auf Köln und die Umgebung. Nachdem ich die Aussicht eine Weile genossen hatte, stieg ich wieder auf den Boden hinunter und erkundete den Rest dieses erstaunlichen Ortes, eines der bekanntesten und schönsten **Gebäude** in Deutschland, das ich endlich aus der Nähe sehen konnte.

Ich wurde nicht **enttäuscht**. Ich verbrachte Stunden damit, im Inneren herumzulaufen und die Handwerkskunst zu **bewundern**. Ich kletterte auch auf die Spitze eines der Türme, um einen unglaublichen Blick auf die
Stadt unter uns. Als ich die Kathedrale verließ, war ich von dem, was ich gesehen hatte, einfach **überwältigt**. Es war ein unvergessliches Erlebnis, und ich bin so froh, dass ich diesen erstaunlichen Ort sehen konnte! Um 19 Uhr war ich hungrig und beschloss, dass es Zeit war, zu Abend zu essen. Als ich in mein Hotelzimmer zurückkam, war ich am Verhungern. Ich ging **hinunter** in die Lobby und fragte den **Concierge**, ob es in der Nähe ein gutes Restaurant gäbe, in dem ich etwas essen könnte.

Desde lo alto, tenía una vista impresionante de Colonia y sus alrededores. Después de disfrutar de las vistas durante un rato, bajé de nuevo al nivel del suelo y seguí explorando el resto de este increíble **lugar**.

No **me decepcionó**. Me pasé horas paseando por el interior, **admirando** la artesanía. También subí a la cima de una de las torres para disfrutar de una vista increíble de la
ciudad de abajo. Al salir de la catedral, no pude evitar sentirme **abrumada** por lo que había visto. Fue una experiencia inolvidable, y me alegro mucho de haber podido ver este increíble lugar.
A las 7 de la tarde, tenía hambre y decidí que era hora de ir a cenar. Me moría de hambre cuando volví a la habitación del hotel. **Bajé** al vestíbulo y pregunté al **conserje si había** algún sitio bueno cerca para comer. Me recomendó un lugar llamado Ratskeller.
Me dirigí a Ratskeller y me alegré de ver que tenían un menú en inglés. Lo primero en mi lista era probar el famoso schnitzel con patatas. Fui al restaurante recomendado por mi hotel y lo **pedí**. El plato no me decepcionó. Estaba delicioso. Las patatas estaban crujientes y la carne de cerdo tierna y jugosa. **Saboreé** cada bocado, sintiéndome agradecida por haber llegado por fin a esta maravillosa ciudad. La comida estaba deliciosa y era exactamente lo que necesitaba después de un largo día de reuniones.

Verständnisfragen

1. Wie heißt die Stadt, die der Autor besucht hat?

2. Was hielt der Autor von den Menschen in Köln?

3. Wie heißt die berühmte Kathedrale in Köln?

4. Was hält der Autor von der Kathedrale?

5. Was hat der Autor in der Kathedrale gemacht?

6. Wie fand der Autor die Aussicht vom Turm der Kathedrale?

Preguntas de comprensión

1. ¿Cómo se llama la ciudad que visitó el autor?

2. ¿Qué pensaba el autor de la gente de Colonia?

3. ¿Cómo se llama la famosa catedral de Colonia?

4. ¿Qué pensaba el autor de la catedral?

5. ¿Qué hizo el autor en la catedral?

6. ¿Qué le pareció al autor la vista desde lo alto de la torre de la catedral?

Besuch in Berlin

Ich wollte schon immer mal nach Berlin. Ich hatte schon so viel über die Stadt gehört - die Geschichte, die Kultur, das Essen. Als sich mir dann endlich die Gelegenheit bot, die Stadt zu besuchen, ergriff ich die Gelegenheit. Ich kam an einem kalten, grauen **Januartag** in Berlin an. Aber selbst das Wetter konnte meine Laune nicht trüben. Ich war begeistert, hier zu sein. Ich begann meine Erkundung der Stadt mit der **Besichtigung** einiger ihrer berühmtesten **Wahrzeichen**. Das Brandenburger Tor, der Reichstag, Checkpoint Charlie - all diese Orte hatte ich bisher nur auf Fotos oder im Fernsehen gesehen. Und jetzt war ich tatsächlich hier und stand vor ihnen. Ich verbrachte ein paar Tage damit, durch die Straßen Berlins zu schlendern und die **Sehenswürdigkeiten** und Geräusche dieser erstaunlichen Stadt in mich aufzunehmen. Ich aß Currywurst und trank Bier in Biergärten.

Ich habe Museen und **Kunstgalerien** besucht. Ich habe sogar eine Bootsfahrt auf der Spree gemacht. Ich habe mir auch einige weniger bekannte Orte angesehen, wie den **Mauerpark** und die East Side **Gallery**. Ich war wirklich beeindruckt, wie viel Geschichte es in Berlin gibt. Jede Ecke schien eine Geschichte zu erzählen zu haben. Ich fand es toll, etwas über die Vergangenheit der Stadt und all die **verschiedenen** Kulturen zu erfahren, die sie beeinflusst haben. Ich habe auch das Essen und das Nachtleben in Berlin genossen. Es gibt so viele tolle Restaurants und Bars, aus denen man

Visita a Berlín

Siempre había querido visitar Berlín. Había oído hablar mucho de la ciudad: la historia, la cultura, la comida. Por eso, cuando por fin tuve la oportunidad de visitarla, la aproveché. Llegué a Berlín en un día frío y gris de **enero**. Pero ni siquiera el tiempo pudo desanimarme. Estaba emocionada de estar aquí. Empecé a explorar la ciudad **visitando** algunos de sus **monumentos** más famosos. La Puerta de Brandemburgo, el Reichstag, el Checkpoint Charlie... eran lugares que sólo había visto en fotos o en la televisión. Y ahora estaba aquí, frente a ellos. Pasé unos días vagando por las calles de Berlín, disfrutando de **las vistas** y los sonidos de esta increíble ciudad. Comí currywurst y bebí cerveza en las cervecerías.

Visité museos y **galerías de** arte. Incluso di un paseo en barco por el río Spree. También me aseguré de visitar algunos de los lugares menos conocidos, como el **Mauerpark** y la East Side **Gallery**. Me impresionó la cantidad de historia que hay en Berlín. Cada rincón parecía tener una historia que contar. Me encantó conocer el pasado de la ciudad y todas las **diferentes** culturas que han influido en ella. También me gustó la comida y la vida nocturna de Berlín. Entré en un bar y me sentí inmediatamente fuera de lugar. Había demasiada luz, demasiado ruido y todo el mundo parecía divertirse demasiado. Pedí una **cerveza** y me senté en una mesa sola. Me quedé mirando a la gente durante un rato, preguntándome cuáles eran sus historias. ¿Eran locales o turistas? ¿Qué hacían en

wählen kann. Ich betrat die Bar und fühlte mich sofort
fehl am Platz. Es war zu hell, zu laut, und alle schienen
viel zu viel Spaß zu haben. Ich bestellte ein **Bier** und
setzte mich allein an einen Tisch. Ich beobachtete die
Leute eine Weile und fragte mich, was ihre Geschichten
waren. Waren sie Einheimische oder Touristen?
Was machten sie in Berlin? Während ich an meinem
Bier nippte, begann ich mich zu entspannen und die
Atmosphäre zu genießen. Das war der Grund, warum
ich Berlin liebte - es war immer so lebendig und es gab
immer **etwas** Neues zu entdecken. Die **Musik** begann
in meinem Körper zu pulsieren, und ich konnte nicht
anders, als mit dem Fuß mitzuwippen. Es dauerte nicht
lange, und ich erhob mich von meinem Platz und tanzte
allein in der Mitte des Lokals. Niemand kümmerte sich
darum, dass ich niemanden kannte - sie waren alle zu
sehr damit beschäftigt, sich zu amüsieren. Ich verließ
die Bar lächelnd und war glücklich, eine andere Seite
Berlins kennengelernt zu haben, von der ich gar nicht
wusste, dass sie existiert.

Ich wollte etwas von der lokalen Küche probieren.
Ich stellte einige Nachforschungen an und fand
ein Restaurant, das **vielversprechend** schien. Ich
beschloss, eines Abends dorthin zum **Abendessen zu**
gehen. Das **Restaurant befand** sich in einem belebten
Viertel der Stadt. Als ich ankam, war es sehr voll, aber
ich konnte einen Tisch bekommen. Die Speisekarte
bot eine große Auswahl, und ich brauchte eine Weile,
um mich zu entscheiden, was ich bestellen wollte.
Schließlich **entschied ich mich** für ein **traditionelles**
deutsches Gericht: Sauerkraut, Wurst und Kartoffeln.

Berlín? Mientras bebía mi cerveza, empecé a relajarme y a disfrutar del ambiente. Por eso me encantaba Berlín: siempre estaba tan vivo y había **algo** nuevo que descubrir. La **música** empezó a recorrer mi cuerpo, y no pude evitar golpear el pie con ella. En poco tiempo, me levanté de mi asiento y bailé sola en medio del bar. A nadie le importaba que no conociera a nadie, estaban demasiado ocupados disfrutando. Salí del bar sonriendo, feliz de haber conocido otra cara de Berlín que no sabía que existía.

Quería probar algo de la cocina local. Investigué un poco y encontré un restaurante que parecía **prometedor**. Decidí ir a **cenar** allí una noche. El **restaurante** estaba situado en una zona muy concurrida de la ciudad. Estaba lleno de gente cuando llegué, pero pude conseguir una mesa. El menú tenía muchas opciones, y me llevó un rato decidir qué pedir. Finalmente me **decidí** por la comida **tradicional** alemana: chucrut, salchichas y patatas. La comida estaba deliciosa. El chucrut era picante, y la salchicha, sabrosa. Las patatas estaban perfectamente cocinadas. Me lo pasé muy bien probando cosas nuevas y explorando todo lo que la ciudad tiene que ofrecer. En general, me lo pasé muy bien visitando Berlín. Es una ciudad realmente única con mucho que ofrecer.

Verständnisfragen

1. Wie war das Wetter, als der Autor in Berlin ankam?

2. Welche Orte hat der Autor während seines Aufenthalts in Berlin besucht?

3. Wie fand der Autor das Essen in Berlin?

4. Welchen Eindruck hatte der Autor von den Menschen in Berlin?

5. Wie fand der Autor das Nachtleben in Berlin?

6. Was hält der Autor von der Geschichte der Stadt?

7. Was hat dem Autor an seinem Besuch in Berlin am besten gefallen?

8. Was hat der Autor zum Abendessen im Restaurant bestellt?

Preguntas de comprensión

1. ¿Qué tiempo hacía cuando el autor llegó a Berlín?

2. ¿Cuáles son algunos de los lugares que el autor visitó durante su estancia en Berlín?

3. ¿Qué le pareció al autor la comida de Berlín?

4. ¿Cuál fue la impresión del autor sobre la gente de Berlín?

5. ¿Qué le pareció al autor la vida nocturna de Berlín?

6. ¿Qué piensa el autor de la historia de la ciudad?

7. ¿Cuál fue la parte favorita del autor al visitar Berlín?

8. ¿Qué pidió el autor para cenar en el restaurante?

Fußballspiel

Als junger Amerikaner habe ich mich nie wirklich für
Fußball interessiert. Ich wusste zwar davon, und ich
hatte ein paar Spiele im Fernsehen gesehen, aber
es **hat** mich nie wirklich interessiert. Als ich jedoch
nach Deutschland zog, um zu studieren, begann
ich eine echte Liebe für diesen Sport zu entwickeln.
Und wo könnte man besser **Fußball** sehen als in
Deutschland, wo einige der besten Mannschaften der
Welt zu Hause sind? Als mir ein Freund von einem
Fußballspiel in Berlin erzählte, wusste ich, dass ich
unbedingt hingehen musste. Ich war noch nie zuvor
bei einem Spiel gewesen, geschweige denn bei
einem Fußballspiel, aber ich war **gespannt darauf**,
etwas Neues zu erleben. Das **Spiel** war unglaublich.
Tausende von Menschen aus ganz Deutschland (und
sogar einige aus anderen Ländern) kamen zusammen,
um ihre Liebe zum Fußball zu feiern. Es waren so viele
verschiedene Mannschaften vertreten, und alle sangen
und skandierten gemeinsam. Es war eine unglaubliche
Atmosphäre.

 Damals wusste ich noch nicht viel über den deutschen
Fußball, aber ich erfuhr schnell, dass Bayern
München die beliebteste Mannschaft war. Und wie
sich herausstellte, spielten sie auch im **Endspiel**. Es
war in den frühen Morgenstunden, als wir in Frankfurt
ankamen. Die Stadt schlief noch, aber wir konnten die
Aufregung in der Luft spüren. Wir machten uns auf
den Weg zum Treffpunkt, wo sich bereits Menschen

Partido de fútbol

De joven, nunca me interesó el fútbol. Lo conocía
y había visto algunos partidos en la televisión, pero
nunca me interesó. Sin embargo, cuando me mudé a
Alemania para ir a la universidad, empecé a desarrollar
un verdadero amor por este deporte. ¿Y qué mejor
lugar para ver **el fútbol** que Alemania, donde se
encuentran algunos de los mejores equipos del mundo?
Así que, cuando un amigo me habló de un partido de
fútbol que se celebraba en Berlín, supe que tenía
que ir. Nunca había asistido a un partido, y mucho
menos a uno de fútbol, pero me **entusiasmaba** la idea
de experimentar algo nuevo. El **partido** fue increíble.
Miles de personas de toda Alemania (e incluso de
otros países) se reunieron para celebrar su amor por el
fútbol. Había muchos equipos diferentes representados,
y todos cantaban y coreaban juntos. Era un ambiente
increíble.

En aquel momento no sabía mucho sobre el fútbol
alemán, pero enseguida me enteré de que el Bayern
de Múnich era el equipo más popular. Y resulta
que también jugaban el partido de **la final**. Era **de
madrugada** cuando llegamos a Fráncfort. La ciudad
aún dormía, pero podíamos sentir la emoción en el aire.
Nos dirigimos al punto de encuentro, donde la gente
ya **empezaba a** reunirse. Nos unimos a la multitud y
empezamos a marchar. El sol estaba saliendo mientras
nos abríamos paso por las calles de **Fráncfort**. Cuanto
más nos acercamos al **estadio,** más gente se nos une.
Cuando llegamos, el estadio estaba repleto de gente.

versammelten. Wir schlossen uns der Menge an und begannen zu marschieren. Die Sonne ging gerade auf, als wir durch die Straßen von **Frankfurt zogen**. Je näher wir dem **Stadion kamen**, desto mehr Menschen schlossen sich uns an. Als wir dort ankamen, war das Stadion überfüllt mit Menschen. Wir sangen und skandierten, während wir um das Stadion marschierten. Die **Atmosphäre** war elektrisierend. Wir konnten die Kraft der Menschen um uns herum spüren. Wir waren vereint in unserer Liebe für unser Team und unser Land. Der Marsch ging noch stundenlang weiter, aber schließlich war es Zeit, nach Hause zu gehen. Wir verließen das Stadion, unsere Stimmen klangen noch in unseren Ohren.

Wir haben heute Geschichte geschrieben. Wir haben der Welt gezeigt, dass Deutschland eine Kraft ist, mit der man **rechnen muss**. Ich war in **Deutschland**, als die Weltmeisterschaft dort stattfand. Es war ein wunderschöner Tag für einen Fußballmarsch. Die Sonne schien und die **deutschen** Fans waren in voller Montur unterwegs. Sie waren alle in den Farben ihrer Mannschaften gekleidet und sangen und skandierten, während sie gingen. Es war ein Meer aus Rot, Weiß und Schwarz. Der Marsch zog sich über Stunden hin, aber es war die Mühe wert, als die Mannschaft endlich herauskam. Die **Spieler** lächelten und winkten der **Menge zu**. Sie sahen aus, als wären sie bereit, es mit der Welt aufzunehmen. Das Spiel war spannend. Wir machten uns früh am Morgen auf den Weg durch die Stadt. Die Straßen waren voll mit Menschen, die alle die Farben ihrer Mannschaft trugen.

Coreamos y cantamos mientras marchamos alrededor del estadio. El **ambiente** era eléctrico. Podíamos sentir la fuerza de la gente que nos rodeaba. Estábamos unidos en nuestro amor por nuestro equipo y nuestro país. La marcha se prolongó durante horas, pero finalmente llegó la hora de volver a casa. Salimos del estadio, con nuestras voces aún resonando en nuestros oídos.

Hoy hemos hecho historia. Hemos demostrado al mundo que Alemania es una fuerza a **tener en cuenta**. Estuve en **Alemania** cuando se celebró el Mundial. Era un día precioso para una marcha de fútbol. El sol brillaba y los hinchas alemanes estaban en plena forma. Iban ataviados con los colores de su equipo, coreando y cantando a su paso. Era un mar de rojo, blanco y negro. La marcha se prolongó durante horas, pero todo mereció la pena cuando el equipo salió por fin. Los **jugadores eran** todo sonrisas mientras saludaban a la **multitud**. Parecía que estaban listos para conquistar el mundo. El partido fue electrizante. Empezamos temprano por la mañana, recorriendo la ciudad. Las calles estaban llenas de gente, todos con los colores de su equipo. Se respiraba **emoción en el aire,** y **todo el mundo** animaba y cantaba. A medida que nos acercábamos al estadio, la multitud aumentaba aún más. Y cuando por fin llegamos, fue un espectáculo increíble. El estadio era enorme y estaba lleno de gente de todo el mundo. El partido fue increíble, y fue un honor poder presenciarlo.

Verständnisfragen

1. Wie war die Atmosphäre im Stadion?

2. Wie hat sich der Autor gefühlt, als er das Spiel miterleben konnte?

3. Was war das einprägsamste Erlebnis für den Autor?

4. Wie war es für den Autor, die Mannschaft herauskommen zu sehen?

5. Wie war das noch gleich?

6. Wie war es für den Autor, an dem Marsch teilzunehmen?

7. Wie hat der Autor die Erfahrung insgesamt empfunden?

8. Wie war die Stimmung in der Menge?

Preguntas de comprensión

1. ¿Cómo era el ambiente en el estadio?

2. ¿Cómo se sintió el autor al poder presenciar el partido?

3. ¿Cuál fue la experiencia más memorable para el autor?

4. ¿Cómo fue para el autor ver salir al equipo?

5. ¿Qué era lo que le gustaba?

6. ¿Cómo fue para el autor participar en la marcha?

7. ¿Qué le pareció al autor la experiencia en general?

8. ¿Cómo era el público?

Oktoberfest

Jedes Jahr strömen **Hunderttausende** von Menschen zum Oktoberfest, dem **größten Volksfest** der Welt, nach München. Die Veranstaltung ist ein Fest der bayerischen Kultur, das zwei **Wochen lang dauert** und am ersten Oktoberwochenende seinen Höhepunkt erreicht. Für viele Menschen ist das Oktoberfest eine Gelegenheit, sich auszutoben und kräftig zu feiern. Die Bierzelte sind immer voll, und es ist nicht **ungewöhnlich, dass man** Leute sieht, die herumstolpern und kaum stehen können. Aber das Oktoberfest ist auch eine familienfreundliche Veranstaltung mit vielen Aktivitäten für Kinder. Ich wollte schon immer mal auf das Oktoberfest gehen, aber ich habe es nicht geschafft, bis

Ich war Anfang **zwanzig**, als ich endlich die Reise antrat. Ich reiste mit einer Gruppe von Freunden, und wir hatten eine tolle Zeit. Wir begannen unsere Tage damit, **München** zu erkunden und einige **Sehenswürdigkeiten zu besichtigen**. Am Nachmittag fuhren wir dann zum Oktoberfestgelände und blieben dort bis spät in die Nacht.

Wir probierten all die **verschiedenen** Bierzelte aus und aßen viele traditionelle bayerische Gerichte. Wir gingen auch auf einige der Fahrgeschäfte, die überraschenderweise nicht so überfüllt waren, wie ich dachte. Der Geruch von frischen **Brezeln** und Bier erfüllte die Luft, als ich mir meinen Weg durch die Oktoberfest-Massen bahnte. Ich konnte mir ein Lächeln

Fiesta de octubre

Cada año, cientos de **miles de** personas acuden a Múnich para asistir a la Oktoberfest, la **mayor** feria del mundo. El evento es una celebración de la cultura bávara y dura dos **semanas**, que culminan el primer fin de semana de octubre. Para mucha gente, la Oktoberfest es una oportunidad para soltarse y divertirse. Las carpas de la cerveza están siempre abarrotadas, y no es **raro** ver a la gente dando tumbos, apenas capaz de mantenerse en pie. Pero el Octoberfest también es un evento familiar, con muchas actividades para los niños. Siempre había querido ir a la Oktoberfest, pero no fue hasta

Tenía poco más de **veinte años** cuando finalmente hice el viaje. Fui con un grupo de amigos y lo pasamos muy bien. Empezamos nuestros días explorando **Múnich** y haciendo algo de **turismo**. Luego nos dirigíamos al recinto de la Fiesta de Octubre por la tarde y nos quedábamos allí hasta bien entrada la noche.

Probamos todas **las** tiendas de cerveza y comimos mucha comida tradicional bávara. También nos subimos a algunas de las atracciones, que sorprendentemente no estaban tan llenas como pensaba. El olor a **pretzels** frescos y cerveza llenaba el aire mientras me abría paso entre la multitud del Oktoberfest. No pude evitar sonreír al percibir el **ambiente** festivo: la gente reía y bailaba allá donde mirara. Compré una jarra de cerveza y encontré un lugar para observar a la gente. Observé cómo grupos de amigos brindaban entre sí, chocando sus vasos y bebiendo grandes tragos de cerveza. Los

nicht verkneifen, als ich die festliche **Atmosphäre in mich** aufnahm - überall lachten und tanzten die Leute. Ich kaufte mir einen Krug Bier und suchte mir einen Platz, um die Leute zu beobachten. Ich beobachtete, wie Gruppen von Freunden aufeinander anstießen, ihre Gläser aneinander stießen und große Schlucke Bier nahmen. Lachen und Musik erfüllten die Luft, und ich konnte nicht anders, als mit dem Fuß im Takt zu wippen. Plötzlich rempelte mich jemand von hinten an und **verschüttete** mein Bier über mein Hemd. Ich drehte mich um und sah eine Gruppe rüpelhafter Jugendlicher, die offensichtlich schon ziemlich betrunken waren. Sie **entschuldigten sich** vielmals und boten mir an, mir ein neues Bier zu kaufen. Ich lehnte ab, aber sie bestanden darauf, und so gab ich schließlich nach.

Ich unterhielt mich eine Weile mit ihnen und fand heraus, dass sie alle aus verschiedenen Teilen Deutschlands stammen. Sie **luden** mich an ihren Tisch **ein**, und ich hatte viel Spaß beim **Tanzen** und Trinken mit ihnen bis in die Nacht hinein. Als die Sonne aufging, wurde mir klar, dass ich eine unglaubliche Zeit erlebt hatte - das war definitiv eine Nacht, die ich nie vergessen werde! Am liebsten habe ich auf dem Oktoberfest einfach nur Leute beobachtet. Es hat **etwas**, in einer so festlichen **Atmosphäre zu** sein, das einen einfach glücklich macht. Wenn Sie noch nie auf dem Oktoberfest waren, kann ich es nur empfehlen. Es ist eine einmalige Erfahrung, die man nicht bereuen wird.

sonidos de las risas y la música llenaban el ambiente
y no pude evitar golpear el pie al ritmo de la música.
De repente, alguien chocó conmigo por detrás,
derramando mi cerveza sobre mi camisa. Me doy la
vuelta y veo a un grupo de adolescentes alborotados,
que evidentemente ya estaban bastante borrachos. **Se
disculpaban** profusamente y se ofrecían a invitarme a
otra cerveza. Me negué, pero ellos insistieron y acabé
cediendo.

Charlé con ellos un rato y descubrí que todos son de
diferentes partes de Alemania. Me **invitaron** a unirme
a su mesa y me lo pasé muy bien **bailando** y bebiendo
con ellos hasta bien entrada la noche. Cuando empezó
a salir el sol, me di cuenta de que lo había pasado muy
bien. Mi parte favorita del Octoberfest fue simplemente
observar a la gente. Hay **algo** en un **ambiente** tan
festivo que te hace feliz. Si nunca has estado en
el Octoberfest, te lo recomiendo encarecidamente.
Es una experiencia única en la vida de la que no te
arrepentirás.

Verständnisfragen

1. Wo findet jedes Jahr das Oktoberfest statt?

2. Wie viele Menschen besuchen jedes Jahr das Oktoberfest?

3. Wofür ist das Oktoberfest bekannt?

4. Wie lange dauert das Oktoberfest?

5. In welchem Monat findet das Oktoberfest statt?

6. Warum wollte der Autor das Oktoberfest besuchen?

7. Wie ist der Autor zum Oktoberfest gereist?

8. Was hat der Autor in den Bierzelten gemacht?

9. Welche Aktivitäten gab es für Kinder?

Preguntas de comprensión

1. ¿Dónde se celebra cada año la Oktoberfest?

2. ¿Cuántas personas visitan la Oktoberfest cada año?

3. ¿Por qué es conocida la Oktoberfest?

4. ¿Cuánto dura la Oktoberfest?

5. ¿En qué mes se celebra la Oktoberfest?

6. ¿Por qué quería el autor visitar la Oktoberfest?

7. ¿Cómo viajó el autor a la Oktoberfest?

8. ¿Qué hizo el autor en las tiendas de cerveza?

9. ¿Qué actividades había para los niños?

Am Strand

Nach Sonnenaufgang sind die Wellen lauter und der Sand oberhalb der Flut ist weiß. Ich gehe hinunter zum Strand, **bewundere** das Meer und die Sonne. Meine Zehen spüren die Rillen der Muscheln. Der Sand ist kalt an meinen Zehen. Ich lächle und gehe weiter. Die Flut ist hoch, also muss ich aufpassen, dass ich nicht hineingezogen werde. Ich laufe am Ufer entlang und bewundere das Meer. Der Sonnenaufgang ist **wunderschön**, und die Wellen plätschern. Ich fühle mich so friedlich. Ich komme zu einer Stelle, an der ein Felsvorsprung steht. Ich setze mich hin und beobachte die Wellen. Das Wasser ist so blau und der Himmel ist so **orange**. Ich fühle mich wie in einem Traum. Ich schließe die Augen und lausche einfach nur den Wellen. Ich saß lange Zeit dort, bis ich hörte, wie jemand meinen Namen rief.

Ich öffne meine Augen und sehe meine Mutter auf mich zukommen. Sie hat einen besorgten Ausdruck im Gesicht. Ich lächle und winke, und sie **entspannt sich**. "Ich habe mich schon gefragt, wo du bist", sagt sie. "Ich freue mich, dass du den Strand genießt." Ich antworte: "Das tue ich." "Es ist so schön hier." "Ich weiß", sagt sie. "Als ich in deinem Alter war, bin ich ständig hierhergekommen." "Wirklich?" frage ich. "Ja", antwortet sie. "Es ist ein besonderer Ort.""Hast du hier jemals jemand Besonderen getroffen?" frage ich. "Ja", antwortet sie mit einem Lächeln. "Deinen Vater." "Wirklich?" sage ich **erstaunt**. "Ja", sagt sie. "Wir waren

En la playa

Después del amanecer, las olas son más fuertes y la arena sobre la marea es blanca. Bajo a la playa, **admirando** el mar y el sol. Mis dedos sienten los surcos de las conchas. La arena está fría en mis dedos. Sonrío y sigo adelante. La marea está alta, así que tengo que tener cuidado de que no me arrastre. Camino por la orilla del agua, admirando el mar. El amanecer es **precioso** y las olas rompen. Me siento muy tranquila. Llego a un lugar donde hay un afloramiento de roca. Me siento y observo las olas. El agua es tan azul y el cielo tan **naranja**. Me siento como en un sueño. Cierro los ojos y sólo escucho las olas. Me siento allí durante mucho tiempo, hasta que oigo que alguien me llama por mi nombre.

Abro los ojos y veo a mi madre caminando hacia mí. Tiene una mirada de preocupación. Sonrío y la saludo con la mano, y se **relaja**. "Me preguntaba adónde habías ido", dice. "Me alegro de que estés disfrutando de la playa". Le respondo: "Sí". "Esto es muy bonito". "Lo sé", dice ella. "Yo solía venir aquí todo el tiempo cuando tenía tu edad". "¿De verdad?" Pregunto. "Sí", responde. "Es un lugar especial". "¿Has conocido a alguien especial aquí?" le pregunto. "Sí", responde con una sonrisa. "A tu padre". "¿De verdad?" Digo, **sorprendido**. "Sí", dice ella. "Solíamos venir aquí siempre juntos. Es donde nos enamoramos". "Sonrío, **imaginando a** mis padres enamorándose en esta hermosa playa. "Es un lugar especial", repite. "Me alegro de que hayas venido hoy".

früher immer zusammen hier. Hier haben wir uns verliebt. "Ich lächle und **stelle mir** meine Eltern **vor, wie sie sich** an diesem schönen Strand verlieben. "Es ist ein besonderer Ort", wiederholt sie. "Ich bin froh, dass du heute hierher gekommen bist."

Wir sitzen noch eine Weile da und **beobachten** die Wellen und den Sonnenuntergang. Dann stehen wir auf und gehen zurück zu unseren Strandtüchern. Ich lege mich hin und schaue mir die Sterne an. Ich fühle mich so glücklich und zufrieden. Die Wellen sind jetzt lauter, und der Sand ist kalt. Die Sonne geht unter und eine kühle Brise weht. Die Wellen schlagen gegen das Ufer, und der Geruch von Salz liegt in der Luft. Es ist ein perfekter Abend, um am Strand zu sein. Ich spaziere am Ufer entlang, **lausche dem** Rauschen der Wellen und beobachte den Sonnenuntergang. Ich sehe eine Gruppe von Leuten, die lachend und scherzend im Sand sitzen. Sie sehen aus, als hätten sie eine tolle Zeit. Ich gehe zu ihnen hin und frage, ob ich mich zu ihnen setzen darf. Sie sagen ja, und wir verbringen den Rest des Abends damit, uns zu unterhalten, zu lachen und den **Sonnenuntergang** zu beobachten. Es ist ein perfekter Abend. Die Gruppe und ich unterhalten uns, bis die Sonne untergeht. Wir tauschen Geschichten und Witze aus und haben alle eine tolle Zeit. Als die Nacht hereinbricht, werden wir alle langsam müde. Wir küssen uns **zum Abschied** und trennen uns. Ich gehe glücklich und zufrieden zurück in mein Hotel. Ich kann nicht glauben, wie schön es hier ist. Ich bin so glücklich, dass ich das **erleben durfte**.

Nos quedamos sentados un rato más, **mirando** las olas y la puesta de sol. Luego nos levantamos y volvemos a nuestras toallas de playa. Me tumbo y miro las estrellas. Me siento muy feliz y contenta. Las olas son más fuertes y la arena está fría. El sol se pone y sopla una brisa fresca. Las olas chocan contra la orilla y el aire huele a sal. Es una tarde perfecta para estar en la playa. Estoy caminando por la orilla, **escuchando el** sonido de las olas y viendo la puesta de sol. Veo a un grupo de personas sentadas en la arena, riendo y bromeando. Parece que se lo están pasando muy bien. Me acerco a ellos y les pregunto si puedo unirme a ellos. Me dicen que sí y pasamos el resto de la tarde hablando, riendo y viendo la **puesta de sol**. Es una noche perfecta. El grupo y yo hablamos hasta que se pone el sol. Compartimos anécdotas y bromas, y nos lo pasamos muy bien. Cuando la noche empieza a caer, todos empezamos a sentirnos cansados. Nos **despedimos** con un beso y nos separamos. Vuelvo a mi hotel, feliz y contento. No puedo creer lo bonito que es esto. Tengo mucha suerte de haberlo **vivido**.

Verständnisfragen

1. Wohin geht die Erzählerin, nachdem sie aufgewacht ist?

2. Was bewundert die Erzählerin, während sie am Strand entlanggeht?

3. Worauf muss die Erzählerin aufpassen, wenn sie am Strand entlanggeht?

4. Wo setzt sich der Erzähler hin, um die Aussicht zu genießen?

5. Wie lange sitzt der Erzähler dort?

6. Wen sieht die Erzählerin, als sie ihre Augen wieder öffnet?

7. Was sagt die Mutter des Erzählers?

8. Worüber sprechen die Erzählerin und die Menschen, die sie trifft?

Preguntas de comprensión

1. ¿Dónde va la narradora después de despertar?

2. ¿Qué admira la narradora mientras camina por la playa?

3. ¿De qué tiene que cuidarse la narradora mientras camina por la playa?

4. ¿Dónde se sienta el narrador para disfrutar de la vista?

5. ¿Cuánto tiempo está el narrador sentado allí?

6. ¿A quién ve la narradora cuando vuelve a abrir los ojos?

7. ¿Qué dice la madre del narrador?

8. ¿De qué hablan la narradora y las personas que conoce?

Camping am See

Ich gehe auf den See zu und **bewundere** die Ruhe, die hier herrscht. Die Sonne brennt auf den kleinen See und lässt das Wasser wie eine Glasscheibe aussehen. Die einzige Bewegung ist das gelegentliche Plätschern eines Fisches, der die Oberfläche durchbricht. Selbst die Vögel scheinen sich von der Hitze zu erholen, denn nur das Zirpen der Zikaden erfüllt die Luft. **Plötzlich wird** die Ruhe durch ein lautes Plätschern unterbrochen. Ein großer **Fisch ist aus dem** Wasser gesprungen und versucht, eine Libelle zu fangen. Der Fisch verfehlt sein Ziel und fällt mit einem Platschen zurück ins Wasser. "Wow", denke ich mir, "das war ein großer Fisch!". Ich schaue mich um, um zu sehen, ob ihn noch jemand gesehen hat, aber es ist niemand da. Ich werde es ihnen wohl erzählen müssen, wenn ich zum Camp zurückkehre.

Die Hitze ist **drückend** und macht das Atmen schwer. Die Luft ist dick und schwer, wie eine Decke, die einen einhüllt. Die einzige Erleichterung bietet das Wasser. Es ist kühl und erfrischend, wie ein kaltes Getränk an einem heißen Tag. Ich atme tief ein und tauche ins Wasser ein. Die Erleichterung tritt sofort ein, als mich das kühle Wasser umgibt. Ich schwimme auf den Grund und dann wieder an die Oberfläche und spüre, wie das Wasser meinen Körper kühlt. Ich **schwimme** weiter meine Runden und genieße die Abkühlung von der Hitze. Nach einer Weile steige ich aus dem Wasser und lege mich ins Gras, damit die Sonne meinen Körper

Acampada en el lago

Camino hacia el lago, **admirando la** tranquilidad de la escena. El sol golpea el pequeño lago, haciendo que el agua parezca una lámina de cristal. El único movimiento es el de los peces que **rompen** la superficie. Incluso los pájaros parecen descansar del calor, y sólo el sonido de las cigarras llena el aire. **De repente, la** paz se rompe con un fuerte chapoteo. Un gran **pez** ha saltado fuera del agua, intentando atrapar una libélula. El pez no alcanza su objetivo y cae de nuevo al agua con un chapoteo. "¡Vaya!", pienso para mis adentros, "¡ese era un pez grande!". Miro a mi alrededor para ver si alguien más lo ha visto, pero no hay nadie. Supongo que tendré que contarlo cuando vuelva al campamento.

El calor es **agobiante** y dificulta la respiración. El aire es espeso y pesado, como una manta que te envuelve. El único alivio es el agua. Es fresca y refrescante, como una bebida fría en un día caluroso. Respiro profundamente y me sumerjo en el agua. El alivio es inmediato cuando el agua fresca me rodea. Nado hasta el fondo y luego vuelvo a la superficie, sintiendo que el agua refresca mi cuerpo. Sigo **nadando**, disfrutando del respiro del calor. Después de un rato, salgo del agua y me tumbo en la hierba, dejando que el sol me seque el cuerpo. Cierro los ojos y me duermo, el sonido de las **cigarras** me arrulla en un profundo sueño. Dejo que el sol me quite el agua de la piel. Siento que mi piel se pone roja, pero no me importa. Lo siguiente que sé es que el sol se está poniendo. El cielo es de

trocknen kann. Ich schließe die Augen und schlafe ein. Das **Zirpen der Zikaden** wiegt mich in einen tiefen Schlaf. Ich lasse die Sonne das Wasser aus meiner Haut brennen. Ich spüre, wie meine Haut rot wird, aber es ist mir egal. Mir ist zu heiß, als dass es mir etwas ausmachen würde, und schon geht die Sonne unter. Der Himmel färbt sich orange mit rosa und violetten Reflexen. Die Hitze ist verschwunden und wird durch eine kühle **Brise** ersetzt.

Ich stehe auf und ziehe mich wieder an, fühle mich erfrischt und verjüngt. Ich **atme** tief die kühle Luft ein und lächle. Es ist ein gutes Gefühl, am Leben zu sein. Ich laufe zurück zum Campingplatz und bewundere, wie die Farben am Himmel tanzen. In der Ferne sehe ich das Lagerfeuer brennen und kann den Rauch in der Luft riechen. Ich lächle und **beschleunige** mein Tempo. Ich bin bereit, mich zu entspannen und den Rest des Abends zu genießen. Ich betrete den Lagerplatz und sehe, dass alle um das Feuer versammelt sind. Sie **lachen** und scherzen, und ich kann sehen, wie sich das Feuer in ihren Augen spiegelt. Ich lächle und setze mich neben meine Freunde. Es ist schön, wieder hier zu sein. Am nächsten Morgen wache ich früh auf und beginne, meine Sachen zu packen. Ich kann es kaum erwarten, mich wieder auf den Weg zu machen und meine Reise fortzusetzen. Ich verabschiede mich von meinen Freunden und mache mich auf den Weg. Während ich gehe, werfe ich einen letzten Blick auf den **Campingplatz**. Ich sehe das Feuer in der Ferne noch brennen und rieche den Rauch in der Luft. Ich lächle und beschleunige mein Tempo. Ich bin bereit, meine **Reise** fortzusetzen.

un hermoso color naranja, con vetas de color rosa y púrpura. El calor ha desaparecido y ha sido sustituido por una **brisa** fresca.

Me levanto y me vuelvo a poner la ropa, sintiéndome renovada y rejuvenecida. **Respiro** profundamente el aire fresco y sonrío. Se siente bien estar vivo. Vuelvo al campamento, admirando la forma en que los colores bailan en el cielo. Veo la hoguera que arde a lo lejos y huelo el humo en el aire. Sonrío y **acelero el** paso. Estoy lista para relajarme y disfrutar del resto de la noche. Entro en el campamento y veo que todos están reunidos alrededor del fuego. **Ríen** y bromean, y puedo ver el fuego reflejado en sus ojos. Sonrío y me siento junto a mis amigos. Es bueno estar de vuelta. A la mañana siguiente, me despierto temprano y empiezo a recoger mis cosas. Estoy ansioso por volver a la ruta y continuar mi viaje. Me despido de mis amigos y empiezo a caminar. Mientras camino, echo un último vistazo al **campamento**. Veo que el fuego sigue ardiendo a lo lejos y puedo oler el humo en el aire. Sonrío y acelero el paso. Estoy listo para continuar mi **viaje**.

Verständnisfragen

1. Wohin geht der Wanderer?

2. Was für ein Wetter ist es?

3. Wie sieht das Wasser aus?

4. Wie reagiert der Wanderer auf die Hitze?

5. Was macht der Fisch?

6. Warum ist der Wanderer allein?

7. Wie fühlt sich das Wasser an?

8. Wie fühlt sich der Wanderer nach dem Schwimmen?

9. Zu welcher Tageszeit wacht der Wanderer auf?

Preguntas de comprensión

1. ¿Dónde va el caminante?

2. ¿Qué tiempo hace?

3. ¿Qué aspecto tiene el agua?

4. ¿Cómo reacciona el caminante al calor?

5. ¿Qué hace el pez?

6. ¿Por qué el caminante está solo?

7. ¿Cómo se siente el agua?

8. ¿Cómo se siente el caminante después de nadar?

9. ¿A qué hora del día se despierta el caminante?

Das Haus

Letzte Woche bin ich in mein neues Haus eingezogen, und ich bin so **aufgeregt**! Es ist viel größer als mein altes, und es hat einen großen Garten. Ich kann es kaum erwarten, Freunde zum Grillen und für Partys einzuladen. Mein Lieblingsteil ist mein neues Schlafzimmer. Es ist so groß und hell, und ich habe jede Menge Platz, um all meine Sachen unterzubringen. Ich bin wirklich glücklich mit meinem neuen Haus und denke, dass ich hier sehr glücklich sein werde. Ich beschloss, das Haus noch ein bisschen zu erkunden. Ich ging nach oben in den zweiten Stock und machte mich auf den Weg in die Küche, als ich eine große schwarze Spinne an der Wand sah! Ich schrie auf und rannte die Treppe hinunter. Ich war so **erschrocken**! Aber nach ein paar Minuten beruhigte ich mich und beschloss, wieder nach oben zu gehen. Langsam machte ich mich auf den Weg in die Küche und sah, dass die Spinne weg war. Ich war so erleichtert! Ich ging wieder nach unten und beschloss, nach draußen zu gehen, um den **Garten zu** erkunden. Sie war so groß! Ich konnte es nicht glauben. Ich sah eine Schaukel in der Ecke und eine Rutsche. Ich sah auch ein Basketballnetz und ein **Trampolin**. Ich war so aufgeregt!

Ich kann es kaum erwarten, all diese neuen Sachen zu benutzen. Die **Nachbarn** kamen vorbei und stellten sich vor. Sie schienen wirklich nett zu sein, und wir unterhielten uns eine Weile. Sie luden mich zu ihrem

La Casa

Me mudé a mi nueva casa la semana pasada y estoy muy **emocionada**. Es mucho más grande que la anterior y tiene un gran patio trasero. Estoy deseando que vengan amigos a hacer barbacoas y fiestas. Mi parte favorita es mi nuevo dormitorio. Es muy grande y luminosa, y tengo mucho espacio para poner todas mis cosas. Estoy muy contenta con mi nueva casa y creo que seré muy feliz aquí. Decidí explorar un poco más la casa. Subí al segundo piso y empecé a dirigirme a la cocina cuando vi una gran araña negra en la pared. Grité y corrí escaleras abajo. Estaba muy **asustada**. Pero después de unos minutos, me calmé y decidí volver a subir. Me dirigí lentamente a la cocina y vi que la araña había desaparecido. Me sentí muy aliviada. Volví a bajar las escaleras y decidí salir a explorar el **patio trasero**. Era tan grande. No me lo podía creer. Vi un columpio en la esquina y un tobogán. También vi una red de baloncesto y una **cama elástica**. Estaba muy emocionada.

No puedo esperar a usar todas estas cosas nuevas. Los **vecinos** vinieron y se presentaron. Parecían muy simpáticos y estuvimos hablando un rato. Me invitaron a su barbacoa el próximo fin de semana y les dije que me encantaría ir. He pasado una primera semana estupenda en mi nueva casa, y estoy entusiasmada con todas las nuevas aventuras que me esperan. Hoy voy a ir a explorar de nuevo el patio trasero y ver qué más puedo encontrar. Quién sabe, quizá encuentre algún **tesoro**. Estoy deseando ver lo que me depara la próxima semana. A la semana siguiente, volví a

Grillfest am nächsten Wochenende ein, und ich sagte, dass ich gerne kommen würde. Ich hatte eine tolle erste Woche in meinem neuen Haus und freue mich auf all die neuen Abenteuer, die vor mir liegen. Heute werde ich wieder im Garten auf Entdeckungstour gehen und sehen, was ich noch alles finden kann. Wer weiß, vielleicht finde ich ja sogar einen **Schatz**. Ich kann es kaum erwarten, zu sehen, was die nächste Woche bringt! In der nächsten Woche bin ich wieder im Garten auf Entdeckungsreise gegangen und habe einen **geheimen** Garten gefunden. Er war so schön! Überall waren Blumen und ein kleiner Teich mit Fischen drin. Ich habe auch eine Schaukel gesehen, die ich vorher noch nie gesehen hatte. Ich war so aufgeregt, diesen geheimen Garten zu finden, und ich kann es kaum erwarten, ihn weiter zu erkunden. Er war so **schön**!

Überall gab es Blumen und einen kleinen Teich mit Fischen darin. Ich habe auch eine **Schaukel** gesehen, die ich vorher noch nie gesehen hatte. Ich war so aufgeregt, diesen geheimen Garten zu finden, und ich kann es kaum erwarten, ihn weiter zu erkunden. Mein neues Zimmer hat mir auch gut gefallen. Es war so groß und hell, und an den Wänden hingen bereits Poster von meinen Lieblingsbands. Ich musste nicht einmal meine eigenen **Möbel** mitbringen, denn es gab bereits ein Bett, eine Kommode und einen Schreibtisch. Das wird das beste Jahr aller Zeiten! Ich war ein bisschen nervös, weil ich an einer neuen **Schule** anfing, aber alle meine neuen Nachbarn waren so freundlich.

explorar el patio trasero y encontré un jardín secreto. Era muy bonito. Había flores por todas partes y un pequeño estanque con peces. También vi un columpio que no había visto antes. Estaba muy emocionada por haber encontrado este jardín secreto, y no puedo esperar a explorarlo más. Era muy **bonito**.

Había flores por todas partes y un pequeño estanque con peces. También vi un **columpio** que no había visto antes. Me emocionó mucho encontrar este jardín secreto y estoy deseando explorarlo más. También me encantó mi nueva habitación. Era tan grande y luminosa, y ya había pósters de mis grupos favoritos en las paredes. Ni siquiera tuve que traer mis propios **muebles** porque ya había una cama, una cómoda y un escritorio. ¡Este va a ser el mejor año de todos! Estaba un poco nerviosa por empezar en una nueva **escuela**, pero todos mis nuevos vecinos han sido muy amables. Incluso he conocido a una chica que vive en la puerta de al lado y dice que me acompañará al colegio el primer día. Me encanta mi nueva casa y estoy muy emocionada por empezar este nuevo capítulo de mi vida. Mañana va a ser genial. Me pregunto qué aventuras me esperan. Todas mis pertenencias han sido desempacadas y estoy lista para ir a la cama. No puedo esperar a ver lo que me depara **el día de mañana.**

Verständnisfragen

1. Wo wohnt die Person?

2. Wie gefällt es der Person im neuen Haus?

3. Was gefällt der Person am besten an ihrem neuen Haus?

4. Was hat die Person im Garten gefunden?

5. Wer sind die Nachbarn?

6. Wie hat sich die Person in den ersten Tagen in der neuen Wohnung gefühlt?

7. Was gefällt der Person am besten an ihrem neuen Zimmer?

8. Was plant die Person morgen zu tun?

9. Was war das Beste an der ersten Woche im neuen Haus?

Preguntas de comprensión

1. ¿Dónde vive la persona?

2. ¿Qué le parece la persona en la nueva casa?

3. ¿Cuál es la parte favorita de la persona en la nueva casa?

4. ¿Qué encontró la persona en el jardín?

5. ¿Quiénes son los vecinos?

6. ¿Cómo fueron los primeros días de la persona en la nueva casa?

7. ¿Cuál es la parte favorita de la persona en la nueva habitación?

8. ¿Qué piensa hacer la persona mañana?

9. ¿Qué fue lo mejor de la primera semana de la persona en la nueva casa?

Im Zug

Ich rannte zum Bahnhof, aber ich war zu spät. Der Zug war bereits ohne mich abgefahren. Ich war so **wütend** und **enttäuscht** von mir selbst. Ich hatte geplant, mit dem Zug meine Großeltern zu besuchen, die auf dem Land leben, aber jetzt würde ich eine ganze Stunde auf den nächsten Zug warten müssen. Ich beschloss, stattdessen eine Weile durch die Stadt zu laufen und versuchte, die verpasste Gelegenheit zu vergessen. Beim Spazierengehen begann ich von all den Orten zu **träumen, an die man mit dem Zug** gelangen kann. Plötzlich war ich nicht mehr so verärgert. Ich gehe zurück in den Bahnhof und kann nicht umhin, die große rot-weiß-blaue Lokomotive zu bemerken, die auf mich zu tuckert. Erst als ich den **Schaffner** sehe, der mir aus dem Fenster zuwinkt, wird mir klar, dass dieser Zug für mich bestimmt ist. Ich steige ein, suche mir einen Platz und mache mich auf eine lange Reise gefasst.

Als wir aus dem Bahnhof fahren, frage ich mich, wohin dieser Zug mich wohl bringen wird. Durch grüne **Felder** und über blaue Flüsse, vorbei an Bergen und Tälern - man weiß nie, wohin dieser alte Zug fahren wird. Als die Nacht hereinbricht, falle ich in einen **friedlichen** Schlaf, der durch die **rhythmische** Bewegung der Waggons auf den Gleisen unter mir eingelullt wird. Als ich am nächsten Morgen die Augen öffne, sehe ich, dass wir in einer kleinen Stadt irgendwo im Nirgendwo angekommen sind. Die Sonne lugt gerade über den Horizont, als die Einheimischen beginnen, sich auf der

En el tren

Corrí a la estación de tren, pero llegué demasiado tarde. El tren ya había partido sin mí. Me sentí muy **enfadada** y **decepcionada** conmigo misma. Había planeado coger el tren para visitar a mis abuelos, que viven en el campo, pero ahora tendría que esperar una hora entera al siguiente tren. Decidí pasear un rato por la ciudad y tratar de olvidar la oportunidad perdida. Mientras caminaba, empecé a **soñar** con todos los lugares a los que te puede llevar **el tren**. De repente, ya no estaba tan molesto. Vuelvo a la estación y no puedo evitar fijarme en la gran locomotora roja, blanca y azul que se dirige hacia mí. No es hasta que veo al **revisor saludándome** desde la ventanilla cuando me doy cuenta de que ese tren es para mí. Subo al tren y encuentro mi asiento, acomodándome para lo que promete ser un largo viaje.

Mientras salimos de la estación, no puedo evitar preguntarme a dónde me llevará este tren. A través de **campos** verdes y ríos azules, pasando por montañas y valles, no se sabe adónde irá este viejo tren. Cuando empieza a caer la noche, me quedo dormido, arrullado por el movimiento **rítmico** de los vagones en las vías. Cuando vuelve a amanecer, abro los ojos y veo que hemos llegado a un pequeño pueblo en medio de la nada. El sol acaba de asomar por el horizonte mientras los lugareños comienzan a arremolinarse en la calle principal; parece un día cualquiera aquí, excepto por una cosa: hay un gran cartel colocado cerca del Ayuntamiento que dice "¡Bienvenidos a

Hauptstraße zu bewegen. Es sieht aus wie jeder andere Tag hier, bis auf eine Ausnahme: In der Nähe des Rathauses hängt ein großes Schild mit der Aufschrift "Willkommen an Bord! Es scheint, als hätte diese kleine Stadt uns erwartet, obwohl wir nur ein gewöhnlicher Personenzug sind, der auf dem Weg zu einem anderen Ziel durchfährt. Als wir die Stadt wieder hinter uns lassen und in Richtung wer weiß wohin tuckern, lächle ich über all die freundlichen Gesichter, die uns aus den kleinen Häusern zwischen den **Feldern** zuwinken - **es ist** wirklich erstaunlich, wie etwas so scheinbar Alltägliches so viel Freude bereiten kann, wenn man einfach durchfährt. Und dann sind da natürlich noch die **Kinder**.

Ich lehne mich aus dem Fenster meiner Lokomotive. Mit ihren leuchtenden Augen und ihrem breiten Grinsen machen sie mich immer so glücklich. Ich winke ihnen energisch zu, bevor ich in mein **Abteil** zurückkehre und mich setze. Es war schon ein langer Tag, aber er ist noch nicht zu Ende; es sind noch ein paar Stunden, bis wir unser endgültiges **Ziel** erreichen. Ich ziehe mein Buch heraus und beginne zu lesen, während mich das rhythmische Schaukeln des Zuges in einen friedlichen Zustand versetzt. Ab und zu werfe ich einen Blick auf die Landschaft, die draußen vorbeizieht - es wird nie langweilig, egal wie oft ich sie sehe. Schließlich bricht die Nacht herein, und in der Ferne tauchen **funkelnde** Lichter auf; wir nähern uns dem Ziel. Bald darauf fahren wir in den Bahnhof ein und kommen zum Stehen.

bordo!". Parece que esta pequeña ciudad nos ha estado esperando, a pesar de que sólo somos un tren de **pasajeros** ordinario que pasa por aquí de camino a otro lugar. Mientras dejamos atrás la ciudad una vez más, avanzando hacia quién sabe dónde, sonrío al ver todas las caras amistosas que se despiden desde esas pequeñas casas enclavadas entre **las tierras de labranza;** es realmente sorprendente cómo algo tan aparentemente ordinario puede traer tanta alegría simplemente al pasar por allí. Y luego, por supuesto, están los **niños**.

Me asomo a la ventana de mi locomotora. Siempre me hacen sentir muy feliz con sus ojos brillantes y sus grandes sonrisas. Les devuelvo el saludo con energía antes de volver a mi **cabina** y tomar asiento. Ya ha sido un día muy largo, pero aún no ha terminado; todavía faltan algunas horas para llegar a nuestro **destino final**. Saco mi libro y empiezo a leer, dejando que el rítmico balanceo del tren me adormezca. De vez en cuando levanto la vista para ver el paisaje que pasa por el exterior; nunca pasa de moda, no importa cuántas veces lo vea. Finalmente, la noche comienza a caer y las luces **parpadeantes** empiezan a aparecer en la distancia; nos estamos acercando. Pronto entramos en la estación y nos detenemos. Mientras los pasajeros empiezan a desembarcar, no puedo evitar **reflexionar** sobre cómo los trenes han sido siempre una parte tan importante de mi vida. Me han llevado a muchas aventuras, tanto reales como **imaginarias**, y por ello les estaré siempre agradecido.

Verständnisfragen

1. Wohin fährt der Zug?

2. Wer reist mit dem Zug?

3. Wann fährt der Zug ab?

4. Wie kommt der Protagonist in den Zug?

5. Woher kommt der Zug?

6. Wohin fährt der Zug als nächstes?

7. Wann sind die Passagiere angekommen?

8. Wie fühlt sich der Protagonist, als er den Zug verpasst?

9. Wie reagiert der Zugführer, als er den Protagonisten sieht?

Preguntas de comprensión

1. ¿Adónde va el tren?

2. ¿Quién viaja en el tren?

3. ¿Cuándo sale el tren?

4. ¿Cómo sube el protagonista al tren?

5. ¿De dónde viene el tren?

6. ¿Adónde va el tren ahora?

7. ¿Cuándo llegaron los pasajeros?

8. ¿Cómo se siente el protagonista cuando pierde el tren?

9. ¿Cómo reacciona el conductor del tren cuando ve al protagonista?

Abendessen kochen

Es ist jetzt 17 Uhr und ich gehe von der Arbeit nach Hause. Ich freue **mich** auf einen ruhigen Abend zu Hause mit meinem Partner. Wir werden gemeinsam kochen und uns dann den Rest des Abends entspannen. Es ist ein gutes Gefühl, zu wissen, dass ich heute **Abend** keine Pläne oder Verpflichtungen habe. Als ich zu Hause ankomme, steht mein Partner bereits in der Küche und beginnt mit der Zubereitung unseres Abendessens. Es riecht **fantastisch** hier drin! Während wir kochen, plaudern wir über den Tag des anderen und erzählen uns kleine Geschichten aus unserem Arbeitsleben. Die Küche ist mein Lieblingsraum in unserer Wohnung. Ich liebe es zu kochen, und ganz besonders liebe ich es, mit meinem Partner zu kochen. Wir haben immer so viel Spaß hier drin, lachen und scherzen, während wir kochen. Außerdem ist das Essen immer **unglaublich**, wenn wir **zusammen** arbeiten.

Heute Abend machen wir eines meiner absoluten Lieblingsrezepte: **Hähnchen** Parmesan. Mein Partner beginnt mit dem Panieren des Hähnchens, während ich die Soße auf dem **Herd** zum Kochen bringe. Wir arbeiten zusammen wie eine gut geölte Maschine, und schon bald ist das Abendessen servierfertig. Wir setzen uns an unseren kleinen Küchentisch mit **Tellern voller** Hähnchen Parmesan, Nudeln und Salat. Wir stoßen mit den Gläsern an und nehmen unseren ersten Bissen - und der ist **himmlisch**! Das Hähnchen ist

Cocinar la cena

Son las 5 de la tarde y estoy volviendo a casa desde el trabajo. Estoy **deseando pasar** una noche tranquila en casa con mi pareja. Prepararemos la cena juntos y luego nos relajaremos el resto de la noche. Me siento bien al saber que no tengo ningún plan ni obligación esta **noche**. Llego a casa y mi pareja ya está en la cocina, empezando a preparar nuestra cena. Huele **de maravilla**. Charlamos mientras cocinamos, poniéndonos al día y compartiendo pequeñas historias de nuestras vidas laborales. La cocina es mi habitación favorita de nuestro apartamento. Me encanta cocinar, y sobre todo cocinar con mi pareja. Siempre nos lo pasamos muy bien aquí, riendo y bromeando mientras cocinamos. Además, la comida siempre es **increíble** cuando trabajamos **juntos**.

Esta noche vamos a preparar una de mis recetas favoritas: **pollo** a la parmesana. Mi compañero empieza a empanar el pollo mientras yo pongo la salsa a hervir a **fuego** lento. Trabajamos juntos como una máquina bien engrasada y, en poco tiempo, la cena está lista para servir. Nos sentamos en nuestra pequeña mesa de cocina con **platos llenos** de pollo a la parmesana, pasta y ensalada. Brindamos por los vasos y damos el primer bocado, ¡y es **celestial**! El pollo está crujiente por fuera pero jugoso por dentro; la salsa es sabrosa y perfecta; la pasta está cocida al dente... todo sabe absolutamente perfecto esta noche. Los dos sabemos que esta fue una de esas noches en las que todo salió a la perfección mientras **saboreamos** hasta el último

außen knusprig, aber innen saftig; die Soße ist würzig und perfekt; die Nudeln sind al dente gekocht... alles schmeckt heute Abend absolut perfekt. Wir wissen beide, dass dies einer dieser Abende war, an denen alles perfekt zusammenpasst, und wir **genießen** jeden einzelnen Bissen unseres köstlichen Essens. Es hat sogar noch besser geschmeckt, als es gerochen hat - und das war verdammt gut! Wir sind relativ schnell fertig mit dem Essen, da keiner von uns heute besonders hungrig ist, aber wir lassen uns Zeit und genießen noch ein paar **Gläser** Wein, während wir uns über dieses und jenes Thema unterhalten. Nach dem Essen räumen wir schnell zusammen auf und gehen dann ins Wohnzimmer, wo wir noch eine Weile auf der Couch **kuscheln** und fernsehen.

Es ist so schön, sich nach einem langen **Arbeitstag** einfach nur nahe zu sein. Ich fühle mich zufrieden. Auch wenn wir keinen ereignisreichen Abend hatten, war es schön, einfach etwas Zeit miteinander zu verbringen, ohne das Haus verlassen zu müssen. Wir haben uns einen Film angesehen und sind früh ins Bett gegangen, weil wir mit unserem einfachen Abend **zufrieden waren**. Das ist zu einer unserer **Lieblingsbeschäftigungen** an Abenden geworden, an denen wir nicht ausgehen wollen - einfach zu Hause entspannen und die Gesellschaft des anderen bei einem selbstgekochten Essen genießen. Es ist immer schön zu wissen, dass wir nach einem langen Tag hierher zurückkommen und einfach wir selbst sein können.

bocado de nuestra deliciosa comida. Sabía incluso mejor de lo que olía, ¡que era muy bueno! Terminamos la comida relativamente rápido, ya que ninguno de los dos tiene especial hambre hoy, pero nos tomamos nuestro tiempo para disfrutar de unas cuantas **copas** de vino más mientras charlamos ligeramente sobre este y aquel tema. Después de la cena, limpiamos juntos rápidamente y nos trasladamos al salón, donde pasamos un rato **acurrucados** en el sofá mientras vemos la televisión.

Es tan agradable estar cerca el uno del otro después de un largo día **de trabajo** separados. Me siento satisfecha. Aunque no tuvimos una noche agitada, fue agradable pasar un rato juntos sin tener que salir de casa. Vimos una película y nos fuimos a la cama temprano, **satisfechos** de nuestra sencilla noche. Esto se ha convertido en una de nuestras actividades **favoritas** en las noches en las que no queremos salir: relajarnos en casa y disfrutar de la compañía del otro con una comida casera. Siempre es agradable saber que podemos volver aquí después de un largo día y ser nosotros mismos. Al **final**, los dos empezamos a bostezar, así que decidimos subir a la cama, donde leemos un rato antes de acurrucarnos bajo las sábanas y quedarnos profundamente dormidos.

Verständnisfragen

1. Woher kommt der Erzähler?

2. Was macht der Erzähler nach der Arbeit?

3. Was isst der Erzähler zum Abendessen?

4. Warum mag der Erzähler die Küche?

5. Was für ein Gericht kocht das Paar?

6. Wie fühlt sich der Erzähler am Ende des Abends?

7. Was ist die Lieblingsbeschäftigung des Paares?

8. Was tun die beiden, wenn sie müde werden?

9. Wo schlafen sie?

Preguntas de comprensión

1. ¿De dónde viene el narrador?

2. ¿Qué hace el narrador después del trabajo?

3. ¿Qué cena el narrador?

4. ¿Por qué le gusta la cocina al narrador?

5. ¿Qué tipo de plato cocina la pareja?

6. ¿Cómo se siente el narrador al final de la noche?

7. ¿Qué es lo que más le gusta hacer a la pareja?

8. ¿Qué hace la pareja cuando se cansa?

9. ¿Dónde duermen?

Nach Hause gehen

Es war eine **friedliche** Nacht, als ich von der Arbeit nach Hause ging. Als ich ging, konnte ich nicht anders, als über die Erinnerungen zu lächeln. Es fühlte sich gut an, wieder in meiner alten Nachbarschaft zu sein. Ich winkte ein paar Leuten zu, die ich kannte, und sie winkten zurück. Es war schön, wieder zu Hause zu sein. Ich ging an meiner alten Schule vorbei und **erinnerte mich an** all die guten Zeiten, die ich mit meinen Freunden hatte. Wir gingen immer zusammen nach Hause und sprachen über unseren Tag. **Manchmal hielten** wir an, um ein Eis zu essen oder in den Park zu gehen. Das waren die besten Zeiten. Ich vermisse diese Zeiten. Aber jetzt habe ich meine eigene Familie und bin glücklich mit meinem Leben. Ich bin froh, dass ich auf diese Erinnerungen zurückblicken und lächeln kann. Sie sind ein Teil meines Lebens, den ich immer in Ehren halten werde. Das waren die besten Zeiten. Ich vermisse diese Zeiten. Aber jetzt habe ich meine eigene Familie und bin glücklich mit meinem Leben. Ich bin froh, dass ich auf diese **Erinnerungen** zurückblicken und lächeln kann. Sie sind ein Teil meines Lebens, den ich immer in Ehren halten werde.

Ich gehe weiter und denke an die schöne Zeit, die ich mit meinen Freunden hatte. Ich weiß, dass ich sie bald wiedersehen werde. Ich mache mich auf den Weg nach Hause und beschließe, durch einen nahe gelegenen Park zu gehen. Die Sonne geht gerade unter und der Himmel färbt sich in ein **schönes** Orange. Der Park ist leer, bis auf ein paar Vögel, die in den Bäumen

Caminando a casa

Era una noche **tranquila mientras volvía** a casa desde el trabajo. Mientras caminaba, no pude evitar sonreír ante los recuerdos. Me sentí bien al volver a mi antiguo barrio. Saludé a algunos conocidos y ellos me devolvieron el saludo. Era bueno estar en casa. Pasé por delante de mi antiguo colegio y **recordé** todos los buenos momentos que pasé con mis amigos. Siempre íbamos juntos a casa y hablábamos de nuestro día. **A veces** nos parábamos a tomar un helado o íbamos al parque. Eran los mejores momentos. Echo de menos esos momentos. Pero ahora tengo mi propia familia y soy feliz con mi vida. Me alegro de poder recordar esos momentos y sonreír. Son una parte de mi vida que siempre apreciaré. Fueron los mejores tiempos. Echo de menos esos tiempos. Pero ahora tengo mi propia familia y soy feliz con mi vida. Me alegro de poder recordar esos **momentos** y sonreír. Son una parte de mi vida que siempre apreciaré.

Sigo caminando, pensando en los buenos momentos que pasé con mis amigos. Sé que los volveré a ver pronto. Me dirijo hacia mi casa y decido pasear por un parque cercano. El sol se está poniendo y el cielo se está volviendo dc un **hermoso color** naranja. El parque está vacío, a excepción de algunos pájaros que cantan en los árboles. **Respiro** profundamente y sonrío. Mientras camino por el parque, veo una estrella fugaz que cruza el cielo. Pido un deseo a esa estrella y sigo caminando. Pienso en mi día de trabajo y en lo **tranquilo que** fue. Sonrío para mis adentros, pensando

zwitschern. Ich **atme** tief ein und lächle. Als ich durch den Park gehe, sehe ich eine Sternschnuppe über den Himmel huschen. Ich wünsche mir etwas von dieser Sternschnuppe und laufe weiter. Ich denke an meinen Arbeitstag und daran, wie **friedlich** er war. Ich lächle vor mich hin und denke daran, wie viel Glück ich habe, einen so tollen Job zu haben. Ich gehe nach Hause und **spüre** die kühle Nachtluft auf meiner Haut. Ich fühle mich so lebendig und glücklich, weil ich es einfach genieße, in einer friedlichen Nacht nach Hause zu gehen.

Ich fühlte mich so gut, dass ich anfing zu **pfeifen**. Ich ging an ein paar Leuten auf der Straße vorbei, aber sie kümmerten sich alle um ihre eigenen Angelegenheiten.

Ich bog um die Ecke in meine Straße und sah den Kater meines Nachbarn, Mr. Whiskers, auf meiner Veranda sitzen. Ich grüßte ihn, und er miaute zurück. Ich **schloss** meine Tür auf und ging hinein. Ich war so froh, zu Hause zu sein. Ich zog meine Schuhe aus und machte mich bettfertig. Ich ging an diesem Abend mit einem Gefühl der Freude und Dankbarkeit ins Bett, mein Herz war voller Liebe. Ich schlief die ganze Nacht durch und machte mir keine Sorgen. Ich wachte aus einem erholsamen Schlaf auf und wurde von der Sonne **begrüßt**, die durch mein Fenster hereinschien. Ich stand auf und streckte mich, atmete tief ein und spürte, wie die kühle Luft meine Lungen füllte. Ich ging zu meinem Fenster und schaute hinaus, hörte die Vögel zwitschern und die **Eichhörnchen** spielen.

en la suerte que tengo de tener un trabajo tan bueno.
Vuelvo a casa, **sintiendo** el aire fresco de la noche en
mi piel. Me siento tan viva y feliz, disfrutando del simple
hecho de volver a casa en una noche tranquila.
Me sentí tan bien que empecé a **silbar**. Pasé por
delante de algunas personas en la calle, pero todas
estaban ocupadas en sus propios asuntos.

Doblé la esquina de mi calle y vi al gato de mi vecino,
el Sr. Bigotes, sentado en mi porche. Le saludé y me
devolvió el maullido. **Abrí** la puerta y entré. Estaba
muy contenta de estar en casa. Me quité los zapatos
y me preparé para ir a la cama. Esa noche me acosté
feliz y agradecida, con el corazón lleno de amor.
Dormí profundamente toda la noche, sin preocuparme
por nada. Me desperté de un sueño reparador y **me
recibió** el sol que entraba por la ventana. Me levanté
de la cama y me estiré, respirando profundamente y
sintiendo cómo el aire fresco llenaba mis pulmones. Me
acerqué a la ventana y miré hacia afuera, escuchando
el canto de los pájaros y el juego de **las ardillas**.
Sonreí y fui a vestirme, sintiéndome feliz y contenta.
He pasado un día estupendo, pasando tiempo con mis
amigos y mi familia. Me reí, bromeé y me **divertí**.

Verständnisfragen

1. Was machte der Protagonist, als die Geschichte begann?

2. Woran hat der Protagonist auf dem Heimweg gedacht?

3. Was hat der Protagonist nach der Schule mit seinen Freunden gemacht?

4. Was vermisst der Protagonist aus dieser Zeit?

5. Was denkt der Protagonist über sein gegenwärtiges Leben?

6. Was tut der Protagonist, wenn er eine Sternschnuppe sieht?

7. Wie fühlt sich der Protagonist, wenn er nach Hause geht?

8. Was macht der Protagonist, wenn er nach Hause kommt?

9. Wie fühlt sich der Protagonist, wenn er am nächsten Morgen aufwacht?

Preguntas de comprensión

1. ¿Qué hacía el protagonista cuando empezó la historia?

2. ¿En qué pensaba el protagonista cuando volvía a casa?

3. ¿Qué solía hacer el protagonista con sus amigos después del colegio?

4. ¿Qué echa de menos el protagonista de aquellos tiempos?

5. ¿Qué piensa el protagonista de su vida actual?

6. ¿Qué hace el protagonista cuando ve una estrella fugaz?

7. ¿Cómo se siente el protagonista cuando vuelve a casa?

8. ¿Qué hace el protagonista al llegar a casa?

9. ¿Cómo se siente el protagonista cuando se despierta a la mañana siguiente?

Das Schloss

Die Familie wollte schon immer ein altes Schloss in **Deutschland** besichtigen, und schließlich machten sie sich auf den Weg. Sie wurden nicht **enttäuscht**. Das Schloss war wunderschön, und sie genossen es, die vielen Räume und Gänge zu erkunden. Das erste, was ihnen auffiel, war der Geruch. Sie fanden **Schimmel**, Feuchtigkeit und etwas anderes, das sie nicht genau zuordnen konnten. Das zweite war der Klang. Steinmauern sind zwar dick, aber sie dämpfen den Schall nicht vollständig. Sie hörten jeden Schritt, jedes Wort, das mit normaler Stimme gesprochen wurde, und das gelegentliche Tröpfeln von Wasser **irgendwo** in der Ferne. Als sich ihre Augen an das schwache Licht gewöhnt hatten, sahen sie um sich herum massive Steinwände, an denen Wandteppiche in **Fetzen** hingen. Sie befanden sich in einer riesigen Halle mit einer hohen Decke, die von geschnitzten Säulen getragen wurde. Auch die Aussicht von den Türmen gefiel ihnen, und die Kinder hatten viel Spaß beim Herumtollen auf dem Gelände. Als sie mit der Erkundung des Schlosses fertig waren, ging die **Sonne** bereits unter, und sie bedauerten, dass sie keine **Taschenlampe** mitgenommen hatten. Sie beschlossen, sich auf den Rückweg zum Eingang zu machen, aber sie hatten sich bald verlaufen. Sie irrten gefühlte Stunden umher, bis sie schließlich auf eine Tür stießen, die nach draußen führte. Sie gingen weiter, bis sie das Ende des Flurs **erreichten** und vor einer imposanten Doppeltür standen. So sehr sie sich auch bemühten, die Türen

El castillo

La familia siempre había querido visitar un antiguo castillo en **Alemania,** y finalmente hicieron el viaje. No **les decepcionó**. El castillo era precioso y disfrutaron explorando sus numerosas habitaciones y pasillos. Lo primero que les llamó la atención fue el olor. Encontraron **moho**, humedad y algo más que no pudieron determinar. Lo segundo fue el sonido. Las paredes de piedra son gruesas, pero no amortiguan el sonido por completo. Oyeron cada paso, cada palabra pronunciada con voz normal y el ocasional goteo de agua en **algún lugar** de la distancia. Cuando sus ojos se adaptaron a la escasa luz, vieron que a su alrededor se alzaban enormes muros de piedra, de los que colgaban tapices **hechos jirones**. Se encontraban en un enorme salón con un alto techo sostenido por pilares tallados. También les encantaron las vistas desde las torretas, y los niños se lo pasaron en grande corriendo por el recinto. El **sol** había empezado a ponerse cuando terminaron de explorar el castillo, y lamentaron no haber traído una **linterna**. Decidieron volver a la entrada, pero pronto se perdieron. Estuvieron dando vueltas durante horas, hasta que finalmente dieron con una puerta que conducía al exterior. Continuaron hasta **llegar** al final del pasillo y se encontraron con un imponente conjunto de puertas dobles. Por mucho que lo intenten, las puertas no se mueven. Traquetean **siniestramente** pero no se mueven ni un centímetro. Parece que quienquiera que haya estado aquí antes debe haber pasado por aquí y haberlas cerrado desde dentro. Finalmente, encuentran una salida. El alivio los

rührten sich nicht. Sie klapperten **bedrohlich**, aber sie bewegten sich keinen Zentimeter. Es sah so aus, als ob derjenige, der vorher hier war, hier durchgegangen sein musste und sie von innen verriegelt hatte. Schließlich fanden sie einen Weg nach draußen. Erleichterung überkam sie, als sie in die kühle Nachtluft hinaustraten.

Die Sonne begann unterzugehen, und sie **bedauerten,** dass sie keine Taschenlampe mitgenommen hatten. Sie beschlossen, sich auf den Weg zurück zum Eingang zu machen, aber sie hatten sich bald verlaufen. Sie irrten gefühlte Stunden umher, bis sie schließlich auf eine Tür stießen, die **nach draußen** führte. Erleichterung machte sich in ihnen breit, als sie in die kühle Nachtluft hinaustraten. Am nächsten Abend nahmen sie auf jeden Fall eine Taschenlampe mit, um den Rest des Schlosses zu erkunden. Sie gingen durch den **Innenhof** und hinunter zum Fluss, der hinter den Schlossmauern verlief. Als sie umhergingen, hörten sie seltsame Geräusche. Es klang, als würde sie jemand verfolgen. Sie beschleunigten ihren Schritt, aber die Geräusche wurden lauter und kamen näher. Die Familie rannte so schnell sie konnte zum Schloss zurück und war erleichtert, dass die Gestalt in dem **dunklen** Mantel ihnen nicht gefolgt war.

Sie gingen zurück in ihr Zimmer und versuchten zu vergessen, was geschehen war, aber sie wurden das Gefühl nicht los, dass sie von etwas aus dem Schatten beobachtet wurden. Als sie drinnen waren, **verbarrikadierten** sie die Türen und Fenster und riefen die Polizei.

invade cuando salen al aire fresco de la noche.

El sol empezaba a ponerse y **lamentaron no haber**
traído una linterna. Decidieron volver a la entrada, pero
pronto se perdieron. Estuvieron dando vueltas durante
horas, hasta que finalmente dieron con una puerta
que conducía **al exterior**. El alivio los invadió cuando
salieron al aire fresco de la noche. A la noche siguiente,
se aseguraron de llevar una linterna para explorar
el resto del castillo. Atravesaron el **patio** y bajaron
hasta el río que corría detrás de los muros del castillo.
Mientras caminaban, empezaron a oír ruidos extraños.
Parecía que alguien les seguía. Aceleraron el paso,
pero los ruidos eran cada vez más fuertes y cercanos.
La familia corrió de vuelta al castillo tan rápido como
pudo, y se sintió aliviada al ver que la figura de la capa
oscura no les había seguido.

Volvieron a su habitación y trataron de olvidar lo
sucedido, pero no pudieron quitarse de encima la
sensación de que algo les observaba desde las
sombras. Una vez dentro, **pusieron barricadas** en las
puertas y ventanas y llamaron a la policía.

Verständnisfragen

1. Was hat die Familie getan, als sie sich im Schloss verlaufen hat?

2. Wie hat sich die Familie gefühlt, als sie erfuhr, dass es sich nur um einen Einheimischen handelte?

3. Was hat der Mann getan, dass man ihn verhaftet hat?

4. Wie lautete das Urteil für den Mann?

5. Welches Geräusch hat die Familie gehört, während sie spazieren ging?

6. Wo war die Gestalt in dem dunklen Mantel, als die Familie sie sah?

7. Was hat die Familie getan, als sie in ihr Zimmer zurückkam?

8. Wann hat die Familie das Schloss wieder erkundet?

9. Was war das, was die Familie nicht ausmachen konnte?

Preguntas de comprensión

1. ¿Qué hizo la familia cuando se perdió en el castillo?

2. ¿Cómo se sintió la familia cuando se enteró de que era sólo un hombre de la zona?

3. ¿Qué hizo el hombre para que lo detuvieran?

4. ¿Cuál fue la sentencia para el hombre?

5. ¿Qué ruido escuchó la familia mientras caminaba?

6. ¿Dónde estaba la figura de la capa oscura cuando la familia lo vio?

7. ¿Qué hizo la familia al volver a su habitación?

8. ¿Cuándo volvió la familia a explorar el castillo?

9. ¿Qué es lo que la familia no pudo determinar?

Mein Garten

Mein Garten ist mein Lieblingsplatz. Ich gehe jeden Tag hinaus, egal ob es regnet oder scheint, und verbringe Zeit damit, meine Pflanzen zu pflegen. Ich habe von **allem ein** bisschen - **Gemüse**, Obst, Blumen, Kräuter. Ich habe sogar ein paar Hühner, die mir helfen, die Schädlinge in Schach zu halten. Ich beginne meine Tage im Garten, indem ich den Hühnern Eier abhole. Dann schaue ich nach meinem Gemüse und stelle sicher, dass es genug Wasser und Sonne bekommt. Ich jäte Unkraut auf den Beeten und entferne Ungeziefer, das die Pflanzen **angreifen** könnte. Wenn **alles erledigt** ist, lehne ich mich zurück und genieße den Frieden und die Ruhe der Natur.

Ich habe schon immer gerne Zeit in meinem Garten verbracht. Es hat etwas, von der Natur und all der **Schönheit**, die sie zu bieten hat, umgeben zu sein. Ich empfinde ihn als einen sehr friedlichen und beruhigenden Ort. Ich verbringe oft Zeit in meinem Garten, um mich zu entspannen und die Landschaft zu genießen. Ich arbeite auch gerne in meinem Garten und baue Dinge an. Ich habe einen ziemlich großen Garten, in dem ich gerne **verschiedene** Dinge anbaue. Ich baue Blumen, **Gemüse** und Kräuter an. Ich habe auch ein paar Obstbäume, die leckere Äpfel, Birnen und Pflaumen hervorbringen. Ich baue nicht nur Dinge an, sondern verbringe auch gerne Zeit damit, durch meinen Garten zu spazieren und all die verschiedenen Pflanzen und Tiere zu **bewundern**, die dort zu Hause sind. Im Laufe der Jahre habe ich viele Stunden damit

Mi jardín

Mi jardín es mi lugar feliz. Salgo todos los días, llueva o haga sol, y me dedico a cuidar mis plantas. Tengo un poco de **todo: verduras**, frutas, flores y hierbas. Incluso tengo unas cuantas gallinas que me ayudan a mantener las plagas a raya. Empiezo mis días en el jardín recogiendo los huevos de las gallinas. Luego compruebo las verduras y me aseguro de que reciben suficiente agua y sol. Deshierbo los parterres y elimino los bichos que puedan estar **atacando** las plantas. Una vez que **todo** está resuelto, me siento a disfrutar de la paz y la tranquilidad de la naturaleza.

Siempre me ha gustado pasar tiempo en mi jardín. Hay algo en estar rodeado de la naturaleza y de toda la **belleza que** ofrece. Me parece un lugar muy tranquilo y calmado. A menudo paso tiempo en mi jardín relajándome y disfrutando del paisaje. También me gusta trabajar en mi jardín y cultivar cosas. Tengo un jardín bastante grande y me gusta cultivar **diferentes** cosas en él. Cultivo flores, **verduras** y hierbas. También tengo algunos árboles frutales que producen deliciosas manzanas, peras y ciruelas. Además de cultivar cosas, también me gusta pasar tiempo paseando por mi jardín, **admirando todas las** plantas y animales que lo llaman hogar. He pasado muchas horas a lo largo de los años trabajando para hacer de mi **jardín** un lugar no sólo hermoso sino también funcional. Me encanta ver a los pájaros revolotear y escucharlos cantar. A veces incluso saco un libro y leo en el jardín mientras estoy rodeada de toda la belleza que he creado. **La jardinería** es mi

verbracht, meinen **Garten** zu einem Ort zu machen, der nicht nur schön, sondern auch funktional ist. Ich liebe es, den Vögeln beim Herumfliegen zuzusehen und ihnen beim Singen zuzuhören. Manchmal nehme ich sogar ein Buch mit und lese im Garten, während ich von all der Schönheit umgeben bin, die ich geschaffen habe. **Gartenarbeit** ist meine Leidenschaft und bringt mir so viel Freude. Jeder Tag in meinem Garten ist ein guter Tag.

Eine meiner Lieblingsbeschäftigungen ist das Kochen, daher ist ein gut bestückter Kräutergarten für mich sehr **wichtig**. Thymian, Basilikum, Oregano, Rosmarin, Salbei und Lavendel sind nur einige der Kräuter, die ich gerne in meinem Garten anbaue, damit ich sie beim Kochen für mich oder für **Gäste** verwenden kann. Ein weiterer wichtiger Punkt in meinem Garten ist, dass er viel Farbe hat. Um dieses Ziel zu erreichen, baue ich eine Vielzahl von Blumen an, darunter **Rosen**, Lilien, Gänseblümchen, Tulpen, Impatiens, Ringelblumen, usw. Zusätzlich zu den Blumen, die für Farbe sorgen, verwende ich auch gerne verschiedene **Texturen** im Garten, um ihn interessanter zu gestalten. So pflanze ich zum Beispiel Farne neben hoch aufragenden Sonnenblumen oder Hosta **neben** stacheligen Ziergräsern. Ganz gleich, was sonst im Leben passiert, bei der Arbeit in meinem Garten fühle ich mich immer mehr mit der Natur verbunden und mit mir selbst im Reinen.

pasión y me da mucha alegría. Cada día en mi jardín es un buen día.

Una de las cosas que me gusta hacer es cocinar, así que tener un jardín de hierbas bien surtido es muy **importante para** mí. El tomillo, la albahaca, el orégano, el romero, la salvia y la lavanda son algunas de las hierbas que me gusta cultivar en mi jardín para poder utilizarlas cuando cocino para mí o para **mis invitados**. Otra cosa importante para mí cuando se trata de mi jardín es asegurarse de que haya mucho color en él. Para conseguirlo, cultivo una gran variedad de flores, como **rosas**, lirios, margaritas, tulipanes, impatiens, caléndulas, etc. Además de añadir color con las flores, también me gusta añadir interés utilizando diferentes **texturas** por todo el jardín. Por ejemplo, puedo plantar helechos debajo de grandes girasoles o hostas **junto a** hierbas ornamentales de punta. Independientemente de lo que me ocurra en la vida, trabajar en mi jardín siempre **me ayuda a** sentirme más conectada con la naturaleza y en paz conmigo misma.

Verständnisfragen

1. Wo befindet sich der Garten des Autors?

2. Wie viele Hühner hat der Autor?

3. Was macht der Autor jeden Tag im Garten?

4. Warum gefällt dem Autor der Garten?

5. Welche Kräuter pflanzt der Autor in seinem Garten an?

6. Warum ist es für den Autor wichtig, dass es in seinem Garten viele Farben gibt?

7. Wie bringt der Autor Abwechslung in seinen Garten?

8. Wie fühlt sich der Autor, wenn er in seinem Garten arbeitet?

9. Wodurch fühlt sich der Autor verbunden, wenn er in seinem Garten ist?

Preguntas de comprensión

1. ¿Dónde está el jardín del autor?

2. ¿Cuántos pollos tiene el autor?

3. ¿Qué hace el autor en el jardín cada día?

4. ¿Por qué le gusta el jardín al autor?

5. ¿Qué hierbas planta el autor en el jardín?

6. ¿Por qué es importante para el autor que haya muchos colores en su jardín?

7. ¿Cómo aporta el autor variedad a su jardín?

8. ¿Cómo se siente el autor cuando trabaja en su jardín?

9. ¿Qué hace que el autor se sienta conectado cuando está en su jardín?

Einkaufen gehen

Ich gehe gerne im Einkaufszentrum einkaufen. Es macht immer so viel Spaß, herumzulaufen und sich all die verschiedenen Geschäfte anzuschauen. Im Einkaufszentrum ist für jeden etwas dabei, und es ist immer ein guter Ort, um Angebote für Kleidung, Schuhe und Accessoires zu finden. **Normalerweise** beginne ich meinen Einkaufsbummel, indem ich durch den **Haupteingang** des Einkaufszentrums gehe. Von dort aus gehe ich zuerst zu meinen Lieblingsgeschäften. Nachdem ich in diesen Geschäften gestöbert habe, laufe ich herum und schaue, ob es in anderen Geschäften Sonderangebote gibt. Normalerweise verbringe ich ein paar Stunden im Einkaufszentrum, bevor ich meine Einkäufe erledige. Ich nehme mir beim Einkaufen immer gerne Zeit, **weil** ich sichergehen will, dass ich **genau** das bekomme, was ich will. Außerdem macht es auf diese Weise einfach mehr Spaß!

Ich finde es immer **faszinierend**, die Leute zu beobachten, wenn ich im Einkaufszentrum bin. An der Art und Weise, wie sie einkaufen, kann man wirklich viel über eine Person erkennen. Manche Leute gehen sehr methodisch vor und lassen sich Zeit, während andere einfach **alles zu** nehmen scheinen, **was sie kriegen** können, und so schnell wie möglich zur Kasse gehen. Es gibt auch Leute, die mehr daran interessiert sind, mit ihrem Handy zu telefonieren oder SMS zu schreiben, als sich die Waren anzusehen! Aber egal, welche Art von Käufer man ist, jeder scheint einen

Ir de compras

Me encanta ir **de compras** al centro comercial. Siempre es muy divertido pasear y ver todas las tiendas. Hay algo para todo el mundo en el centro comercial, y siempre es un buen lugar para encontrar ofertas en ropa, zapatos y accesorios. **Suelo** empezar mis compras por la **entrada** principal del centro comercial. Desde allí, me dirijo primero a mis tiendas favoritas. Después de mirar esas tiendas, me doy una vuelta para ver si hay rebajas en otros sitios. Suelo pasar un par de horas en el centro comercial antes de hacer mis compras. Siempre me gusta tomarme mi tiempo cuando voy de compras, **porque** quiero asegurarme de que compro **exactamente** lo que quiero. Además, así es más divertido.

Siempre me parece **fascinante** observar a la gente mientras estoy en el centro comercial. Se puede saber mucho de una persona por su forma de comprar. Algunas personas son muy metódicas y se toman su tiempo, mientras que otras parecen coger **todo lo que** pueden y dirigirse a la caja lo más rápido posible. También hay compradores que parecen más interesados en hablar por el móvil o enviar mensajes de texto que en mirar la mercancía. Sin embargo, sea cual sea el tipo de comprador, todo el mundo parece disfrutar mirando los escaparates, aunque no se compre nada. Hay algo en mirar todas las cosas bonitas de los **escaparates** que me hace feliz. A veces fantaseo con cómo sería si pudiera comprar **todo lo**

Schaufensterbummel zu genießen - auch wenn man nichts kauft. Der Anblick all der schönen Dinge in den **Schaufenstern** macht mich einfach glücklich. Manchmal stelle ich mir vor, wie es wäre, wenn ich mir **alles, was** ich sehe, leisten könnte! Alles in allem ist ein Einkaufstag im Einkaufszentrum eine meiner Lieblingsbeschäftigungen. Es ist eine tolle Möglichkeit, sich zu entspannen und zu relaxen und sich dabei auch noch ein bisschen zu bewegen (wenn man genug läuft). Außerdem ist es **immer** schön, sich hin und wieder ein neues Hemd oder ein Paar Schuhe zu gönnen!

Ich hatte einen **langen** Arbeitstag und endlich etwas Zeit für mich, also beschloss ich, im Einkaufszentrum einkaufen zu gehen. Ich brauchte ein paar neue Kleider für die **kommende** Saison. Sobald ich das Einkaufszentrum betrat, sah ich all die hellen Lichter und die glänzenden Schaufensterfronten. Ich ging zuerst in mein Lieblingsgeschäft und stöberte durch die Regale. Ich fand ein paar schöne Oberteile und probierte sie in der Umkleidekabine an. Als ich mich im Spiegel betrachtete, hörte ich, wie jemand in die Umkleidekabine neben mir kam. Ich erkannte die Stimme als eine meiner Kolleginnen. Wir begrüßten uns und begannen über die Arbeit zu plaudern. Nach ein paar Minuten waren wir beide fertig und gingen **unserer** Wege, trafen uns dann aber später wieder. Wir unterhielten uns weiter und stellten fest, dass wir mehr gemeinsam hatten, als wir dachten. Wir tranken noch etwas und gingen dann nach Hause, **erschöpft** von einem langen Einkaufstag, aber dennoch zufrieden mit unseren Einkäufen.

que veo. En definitiva, pasar un día de compras en el centro comercial es uno de mis pasatiempos favoritos. Es una forma estupenda de relajarse y desconectar al tiempo que se hace un poco de ejercicio (si se camina lo suficiente). Además, **siempre está bien darse un** capricho con una camisa o un par de zapatos nuevos de vez en cuando.

Tuve un **largo** día de trabajo y por fin tuve algo de tiempo para mí, así que decidí ir de compras al centro comercial. Necesitaba ropa nueva para la **próxima** temporada. Nada más entrar, vi todas las luces brillantes y los escaparates relucientes. Me dirigí primero a mi tienda favorita y empecé a mirar los estantes. Encontré unos cuantos tops bonitos y me los probé en el probador. Mientras me miraba en el espejo, oí que alguien entraba en el **probador** contiguo al mío. Reconocí su voz como la de una de mis compañeras de trabajo. Nos saludamos y empezamos a charlar sobre el trabajo. Al cabo de unos minutos, los dos terminamos y nos fuimos por **separado,** pero más tarde volvimos a encontrarnos. Seguimos charlando y nos damos cuenta de que tenemos más cosas en común de las que pensábamos. Terminamos nuestras bebidas y nos dirigimos a casa para pasar la noche, **agotados** por un largo día de compras, pero contentos con nuestras adquisiciones.

Verständnisfragen

1. Wo lagern Sie am liebsten?

2. Welches ist Ihr Lieblingsgeschäft im Einkaufszentrum?

3. Wie lange bleiben Sie normalerweise im Einkaufszentrum?

4. Was denken Sie über Menschen, die viel Zeit im Einkaufszentrum verbringen? 5. Was machst du am liebsten in einem Einkaufszentrum?

6. Haben Sie schon einmal etwas im Einkaufszentrum gekauft, obwohl Sie es nicht wirklich brauchten?

7. Wie reagieren Sie, wenn Sie im Einkaufszentrum etwas sehen, das Ihnen wirklich gefallen würde, aber zu teuer ist?

8. Haben Sie schon einmal etwas im Einkaufszentrum gesehen und sich gefragt, wer es wohl kaufen würde?

9. Was halten Sie von Leuten, die im Einkaufszentrum mit ihren Handys beschäftigt sind, anstatt sich die Geschäfte anzusehen?

Preguntas de comprensión

1. ¿Dónde le gusta más almacenar?

2. ¿Cuál es su tienda favorita en el centro comercial?

3. ¿Cuánto tiempo suele permanecer en el centro comercial?

4. ¿Qué opinas de la gente que pasa mucho tiempo en el centro comercial? 5. ¿Qué es lo que más te gusta hacer en el centro comercial?

6. ¿Alguna vez has comprado algo en el centro comercial cuando realmente no lo necesitabas?

7. ¿Cómo reaccionas cuando ves en el centro comercial algo que te gustaría mucho, pero es demasiado caro?

8. ¿Alguna vez has visto algo en el centro comercial y te has preguntado quién lo compraría?

9. ¿Qué opinas de las personas que están ocupadas con sus teléfonos móviles en el centro comercial en lugar de mirar las tiendas?

Auf dem Markt

Am Samstagmorgen wache ich früh auf und will unbedingt auf den **Markt**, bevor es zu voll wird. Ich ziehe mir etwas an und gehe zur Tür hinaus, wobei ich unterwegs meine wiederverwendbaren Taschen mitnehme. Auf dem Weg dorthin überlege ich, was ich in der kommenden Woche zubereiten möchte. Ich weiß, dass ich mindestens einmal Gemüse **braten** will, also muss ich gutes Gemüse kaufen. Außerdem möchte ich eine Suppe oder einen Eintopf kochen, also muss ich auch etwas Fleisch kaufen. Ich muss sehen, was gut aussieht, wenn ich dort bin. Der Markt ist nur ein paar Häuserblocks entfernt, und ich sehe schon die aufgebauten Stände und die **Menschen, die** sich dort tummeln.

Ich komme auf dem Markt an und steuere direkt auf den Gemüsestand zu. Die Auswahl ist großartig, und ich fülle meine Taschen mit einer Vielzahl von **frischen** Produkten. Ich unterhalte mich ein wenig mit dem Landwirt, und er empfiehlt mir einige Rezepte. Ich bin gespannt darauf, sie auszuprobieren. Beim Einkaufen plaudere ich mit den **Landwirten** und lerne sie und ihre Produkte kennen. Nachdem ich alles Gemüse eingekauft habe, was ich brauche, gehe ich zur Fleischabteilung. Hier bin ich etwas zögerlicher, da ich mir nicht sicher bin, was ich kaufen möchte. Schließlich entscheide ich mich für Hühnerfleisch, weil es vielseitig ist und für eine Vielzahl von Gerichten verwendet werden kann. Ich kaufe auch

En el mercado

Me levanto temprano el sábado por la mañana, ansiosa por llegar al **mercado** antes de que se llene de gente. Me pongo algo de ropa y salgo por la puerta, cogiendo mis bolsas reutilizables por el camino. Mientras camino, empiezo a planear lo que quiero hacer para la semana que viene. Sé que quiero **asar** verduras al menos una vez, así que tendré que comprar verduras de buena calidad. También quiero hacer una sopa o un guiso, así que también tendré que comprar carne. Tendré que ver qué tiene buena pinta cuando llegue allí. El mercado está a unas pocas manzanas y ya veo los puestos instalados y la **gente** arremolinada.

Llego al mercado y me dirijo directamente al puesto de verduras. La selección es preciosa y lleno mis bolsas con una gran variedad de productos **frescos**. Hablo un rato con el agricultor y me recomienda algunas recetas. Estoy deseando probarlas. Mientras compro, charlo con los **agricultores para** conocerlos a ellos y a sus productos. Cuando tengo todas las verduras que necesito, paso a la sección de carne. Aquí estoy un poco más indecisa, ya que no estoy segura de lo que quiero comprar. Al final me decido por el pollo porque es versátil y se puede utilizar en una gran variedad de platos. También compro varios cortes de carne, asegurándome de comprar carne de vaca alimentada con pasto y **pollo** de corral. El carnicero era un hombre amable, siempre alegre a pesar de las largas horas de trabajo. Me envolvió las pechugas de pollo y el filete antes de charlar conmigo sobre sus planes para el

verschiedene Fleischsorten, wobei ich darauf achte, dass ich Rindfleisch aus Weidehaltung und **Huhn** aus Freilandhaltung kaufe. Der Metzger war ein freundlicher Mann, der trotz seiner langen Arbeitszeiten immer gut gelaunt war. Er wickelte meine Hühnerbrust und mein Steak ein und plauderte mit mir über seine Pläne fürs Wochenende. Ich verabschiedete mich von ihm und setzte meinen Weg fort. Ich kaufte auch noch ein paar Eier und Käse aus der Molkereiabteilung.

Auf dem Markt herrschte reges Treiben, und alle wollten die frischen Produkte und das Fleisch, die angeboten wurden, kaufen. Die Luft war dick mit dem Geruch von Knoblauch und Zwiebeln, und das Lachen und die Gespräche erfüllten die Luft. Ich bahnte mir einen Weg durch die Menge und suchte mir die anderen Artikel für meinen Wocheneinkauf aus. Ich füllte meinen **Korb** mit Obst und Gemüse, Nudeln und Brot, bevor ich mich auf den Weg zur Kasse machte. Die Schlange war lang, aber sie bewegte sich schnell. Schließlich waren die letzten **Lebensmittel** eingekauft, und es war Zeit, nach Hause zu fahren. Das Auto wurde beladen, und die Fahrt nach Hause war lang und mühsam. Der Verkehr war dicht, und die Hitze war drückend. Endlich fuhr das Auto in die Einfahrt, und die Erleichterung war spürbar. Das Haus war kühl und ruhig, und es war eine Oase der Ruhe nach dem **Trubel auf** dem Markt. Alles wurde weggeräumt, und bald herrschte wieder die gewohnte Ruhe im Haus. Ich hatte alles, was ich brauchte, um **köstliche Mahlzeiten** für mich und meine Familie zuzubereiten. Es war schön, zu Hause zu sein.

fin de semana. Me despedí de él y seguí mi camino. También compré huevos y queso en la sección de productos lácteos.

El mercado bullía de gente, todos ellos ansiosos por hacerse con los productos frescos y la carne que se ofrecían. El aire huele a ajo y cebolla, y el sonido de las risas y las conversaciones llena el ambiente. Me abrí paso entre la multitud, eligiendo los demás artículos que necesitaba para mi compra semanal. Llené mi **cesta** de fruta y verdura, pasta y pan, antes de dirigirme a la caja. La cola era larga, pero avanzaba rápidamente. Por fin, compré los últimos **alimentos** y fue hora de volver a casa. Cargamos el coche y el viaje a casa fue largo y tedioso. El tráfico era intenso y el calor era agobiante. Finalmente, el coche entró en la calzada y el alivio fue palpable. La casa estaba fresca y tranquila, y era un refugio después del **ajetreo** del mercado. Todo estaba guardado y la casa pronto volvió a su tranquilidad habitual. Tenía todo lo que necesitaba para preparar unas **deliciosas** comidas para mí y para mi familia. Era bueno estar en casa.

Verständnisfragen

1. Wohin geht die Person?

2. Was möchte die Person kaufen?

3. Wie viele Taschen hat die Person?

4. Wie weit ist der Markt entfernt?

5. Was macht die Person im Moment?

6. Was ist alles auf dem Markt?

7. Wie viele Personen befinden sich auf dem Markt?

8. Wie lange hat die Person gebraucht, um alles zu kaufen?

9. Wie ist die Person nach Hause gegangen?

10. Was hat die Person getan, als sie nach Hause kam?

Preguntas de comprensión

1. ¿Dónde va la persona?

2. ¿Qué quiere comprar la persona?

3. ¿Cuántas bolsas tiene la persona?

4. ¿A qué distancia está el mercado?

5. ¿Qué está haciendo la persona en este momento?

6. ¿Qué es todo en el mercado?

7. ¿Cuántas personas hay en el mercado?

8. ¿Cuánto tiempo tardó la persona en comprar todo?

9. ¿Cómo se fue la persona a su casa?

10. ¿Qué hizo la persona al llegar a casa?

In einem Cafe

Es war ein kühler Herbstmorgen, und ich hatte mich mit meiner Freundin Lily in unserem Lieblingscafé auf einen Kaffee verabredet. Ich wickelte mich warm in meinen Mantel und meinen Schal ein und machte mich auf den Weg. Die Blätter fielen von den Bäumen, und die Luft war etwas frisch, aber die Sonne schien, und es versprach, ein schöner Tag zu werden. Während ich ging, **dachte ich** darüber nach, wie gut es war, eine Freundin wie Lily zu haben. Wir waren seit Jahren befreundet, seit wir uns an der **Universität** kennen gelernt hatten. Uns verband die Liebe zum Kaffee und zum Plaudern in Cafés. Obwohl wir inzwischen in verschiedenen Stadtteilen wohnten, trafen wir uns immer noch einmal in der Woche auf einen Kaffee. Als ich im Café ankam, war Lily schon da und wartete auf mich. Wir umarmten uns zur Begrüßung und bestellten unsere Kaffees. Wir suchten uns einen Tisch am Fenster und setzten uns, um zu plaudern. Der **Kaffee** war wie immer köstlich, und es war so schön, sich mit Lily zu unterhalten. Wir sprachen über unsere Woche, unsere Jobs und unsere Pläne für die Zukunft. Es war immer so einfach, mit Lily zu reden, und ich hatte das Gefühl, dass ich ihr alles sagen konnte. Nach einer Weile wurden wir hungrig und **beschlossen,** etwas zu essen zu bestellen.

Wir **bestellten** unser Essen und suchten uns einen Platz am Fenster. Die Sonne schien durch das Fenster herein und verlieh allem eine warme und fröhliche Atmosphäre. Wir unterhielten uns, während wir

En una cafetería

Era una fría mañana **de otoño** y había quedado con mi amiga Lily en nuestra cafetería favorita para tomar un café. Me abrigué con mi abrigo y mi bufanda y me puse en marcha. Las hojas se caían de los árboles y el aire era un poco frío, pero el sol brillaba y prometía ser un día precioso. Mientras caminaba, **pensé** en lo bueno que era tener una amiga como Lily. Éramos amigas desde hacía años, desde que nos conocimos en **la universidad**. Nos unía nuestra afición al café y a pasar tiempo charlando en las cafeterías. Aunque ahora vivíamos en zonas distintas de la ciudad, nos las arreglábamos para quedar para tomar un café una vez a la semana. Llegué a la cafetería y Lily ya estaba allí, esperándome. Nos abrazamos y pedimos nuestros cafés. Encontramos una mesa junto a la ventana y nos sentamos a charlar. El **café** estaba delicioso, como siempre, y fue muy agradable ponerse al día con Lily. Hablamos de nuestra semana, nuestros trabajos y nuestros planes para el futuro. Siempre era tan fácil hablar con Lily, y sentía que podía contarle cualquier cosa. Después de un rato, empezamos a tener hambre y **decidimos** pedir algo de comida.

Pedimos la comida y nos sentamos junto a la ventana. El sol entraba por la ventana, haciendo que todo fuera cálido y alegre. Charlamos mientras comemos, disfrutando del simple placer de estar en **compañía** del otro. La cafetería estaba llena de gente, pero no se sentía abarrotada. Había una sensación de paz y satisfacción en el aire. Cuando terminamos nuestra

aßen, und genossen das einfache Vergnügen, in der **Gesellschaft** des anderen zu sein. Das Café war gut besucht, aber es fühlte sich nicht überfüllt an. Es lag ein Gefühl von Frieden und Zufriedenheit in der Luft. Als wir mit dem Essen fertig waren, saßen wir noch eine Weile und genossen die friedliche **Atmosphäre**. Wir unterhielten uns noch eine Weile über verschiedene Dinge, die in unserem Leben passiert waren. Es war so schön, sich mit meiner Freundin auszutauschen und einfach **zu entspannen**. Die Sonne schien durch das Fenster, und wir hatten das Gefühl, dass **nichts** unseren perfekten Tag stören konnte.

Plötzlich hörte ich ein lautes Krachen. Ich drehte mich um und sah, dass ein Mann durch die Decke gefallen war und vor uns auf dem Boden lag. Er war mit Staub und Trümmern **bedeckt** und schien bewusstlos zu sein. Mein Freund und ich standen beide unter Schock und starrten auf den Mann, der auf dem Boden lag. Wir wussten nicht, was wir tun oder wen wir um Hilfe bitten sollten. Wir saßen einfach da und starrten ihn an, ohne zu wissen, was wir tun sollten. Nach ein paar Minuten riss ich mich zusammen und rief 911 an. Die Telefonistin sagte mir, dass bald jemand da sein würde. Ich legte den Hörer auf und erzählte meinem Freund, was die **Telefonistin** gesagt hatte. Wir saßen beide einfach da und warteten auf Hilfe. Es kam mir wie eine Ewigkeit vor, aber schließlich **tauchte** ein Krankenwagen auf. Die Sanitäter eilten herbei und begannen mit der Behandlung des Mannes. Sie stellten schnell fest, dass er verletzt war und in ein **Krankenhaus** gebracht werden musste.

comida, nos sentamos un rato más, disfrutando de
la **atmósfera de** paz. Hablamos durante un rato de
las diferentes cosas que habían pasado en nuestras
vidas. Fue muy agradable ponerse al día con mi amigo
y **relajarse**. El sol brillaba a través de la ventana y
parecía que **nada** podía arruinar nuestro día perfecto.

De repente, oí un fuerte golpe. Me di la vuelta y vi
que un hombre había caído por el techo y estaba
tendido en el suelo frente a nosotros. Estaba **cubierto**
de polvo y escombros y parecía estar inconsciente.
Mi amigo y yo nos quedamos en estado de shock
mientras miramos al hombre tendido en el suelo.
No sabíamos qué hacer ni a quién pedir ayuda. Nos
quedamos sentados mirándole, sin saber qué hacer. Al
cabo de unos minutos, me recuperé y llamé al 911. La
operadora me dijo que alguien llegaría pronto. Colgué
el teléfono y le conté a mi amigo lo que había dicho la
operadora. Las dos nos quedamos sentadas esperando
a que llegara la ayuda. Me pareció una eternidad, pero
finalmente **apareció** una ambulancia. Los paramédicos
se apresuraron a entrar y comenzaron a trabajar en
el hombre. Rápidamente determinaron que estaba
herido y que había que llevarlo al **hospital**. Mi amigo
y yo nos sentimos aliviados de que la ayuda hubiera
llegado y de que el hombre fuera a ponerse bien.
Terminamos nuestra comida y seguimos con nuestro
día, agradecidos de que al final todo saliera bien.

Verständnisfragen

1. Woher kommt der Mann, der durch das Dach fällt?

2. Warum ist die Frau mit ihrer Freundin im Café?

3. Welches ist das Lieblingscafé der beiden Freunde?

4. Wie lange kennen sich die beiden Freunde schon?

5. Was ist das Lieblingsgetränk der beiden Freunde?

6. In welcher Stadt leben die beiden Freunde?

7. Wie oft treffen sich die beiden Freunde?

8. Worüber sprechen die beiden Freunde, als sie sich zum ersten Mal in ihrem Lieblingscafé treffen?

9. Was ist das Lieblingsessen der beiden Freunde?

Preguntas de comprensión

1. ¿De dónde viene el hombre que cae por el tejado?

2. ¿Por qué está la mujer con su amiga en el café?

3. ¿Cuál es el café favorito de los dos amigos?

4. ¿Desde cuándo se conocen los dos amigos?

5. ¿Cuál es la bebida favorita de los dos amigos?

6. ¿En qué ciudad viven los dos amigos?

7. ¿Con qué frecuencia se encuentran los dos amigos?

8. ¿De qué hablan los dos amigos cuando se encuentran por primera vez en su café favorito?

9. ¿Cuál es la comida favorita de los dos amigos?

Schwimmen gehen

Der Pool war immer ein **erfrischender** Ort, und heute war es nicht anders. Die Sonne schien und das Wasser sah einladend aus. Ich holte tief Luft, tauchte ein und spürte die kühle Umarmung des Wassers. Ich schwamm eine Weile meine Runden, genoss die Bewegung und die Möglichkeit, den Kopf frei zu bekommen. Nach einer Weile stieg ich aus dem Wasser und trocknete mich ab, dann setzte ich mich auf ein Handtuch, um mich in der Sonne zu entspannen. Ich schloss die Augen und ließ die **Wärme** über mich ergehen, während sich meine Muskeln zu entspannen begannen. Plötzlich hörte ich ein Plätschern und öffnete die Augen, um meine kleine Schwester zu sehen, **die** im flachen Wasser herumplanschte. Ich lächelte und sah ihr eine Weile zu, dann stand ich auf und ging zu ihr hinüber. Wir unterhielten uns eine Weile, paddelten zusammen und genossen die Gesellschaft des anderen. Bald gesellten sich unsere Eltern zu uns, und wir verbrachten den Rest des Nachmittags mit Schwimmen und gemeinsamen Spielen. Es war immer schön, Zeit mit der Familie im Schwimmbad zu verbringen. **Der** Aufenthalt im Wasser scheint die Menschen zusammenzubringen. Vielleicht liegt es daran, dass wir alle gleich sind, wenn wir im Wasser sind - wir können unsere Schwächen nicht verstecken oder vorgeben, etwas zu sein, was wir nicht sind. Oder vielleicht liegt es einfach daran, dass es Spaß macht! **Was auch immer** der Grund ist, ich war einfach froh, dass wir alle zusammenkommen und die Gesellschaft

Ir a nadar

La piscina siempre era un lugar **refrescante**, y hoy no era diferente. El sol brillaba y el agua parecía atractiva. Respiré profundamente y me zambullí, sintiendo el fresco abrazo del agua. Nadé un rato, disfrutando del ejercicio y de la oportunidad de despejar la cabeza. Después de un rato, salí y me sequé, y me senté en una toalla para relajarme al sol. Cerré los ojos y dejé que el **calor** me bañara, sintiendo que mis músculos empezaban a relajarse. De repente, oigo un chapoteo y abro los ojos para ver a mi hermana pequeña **remando** en la parte menos profunda. Sonreí y la observé durante un rato, luego me levanté y me acerqué a ella. Charlamos un rato y remamos juntas, disfrutando de la compañía de la otra. Pronto se unieron nuestros padres y pasamos el resto de la tarde nadando y jugando juntos. Siempre es muy agradable pasar tiempo con la familia en la piscina. Hay **algo** en el agua que parece unir a la gente. Tal vez sea porque todos somos iguales cuando estamos en el agua, no podemos ocultar nuestros defectos ni pretender ser algo que no somos. O tal vez porque es divertido. **Cualquiera que sea** la razón, me alegro de que hayamos podido reunirnos y disfrutar de la compañía de los demás en un lugar tan especial.

El sol golpeaba mi piel y el olor a cloro estaba en el aire. Oigo el sonido de los niños riendo y chapoteando en la piscina. Estaba tumbada en una tumbona junto a la piscina, tomando el sol y **disfrutando** del día. Tenía los ojos cerrados y estaba a punto de dormirme cuando

des anderen an einem so besonderen Ort genießen
konnten.

Die Sonne brannte auf meine Haut und der Geruch von
Chlor lag in der Luft. Ich hörte das Lachen der Kinder,
die im Pool planschten. Ich lag auf einem Liegestuhl
neben dem Pool, genoss die Sonne und **den** Tag. Ich
hatte meine Augen geschlossen und wollte gerade
einschlafen, als ich hörte, wie jemand auf mich zukam.
Ich öffnete meine Augen und sah eine Frau neben
mir stehen. Sie trug einen Bikini und hatte sich ein
Handtuch um die Taille geschlungen. Sie hatte langes
blondes Haar und blaue Augen. In der Hand hielt sie
ein Fläschchen mit **Sonnenschutzmittel**. "Stört es
Sie, wenn ich Ihnen den Rücken mit Sonnencreme
einschmiere?", fragte sie. "Nein, das ist in Ordnung",
sagte ich und setzte mich auf, damit sie meinen Rücken
erreichen konnte. Ich spürte ihre Hände auf meiner
Haut, als sie die Sonnencreme auftrug.

Ihre Berührung war sanft, und der Duft der
Sonnencreme war beruhigend. Ich schloss wieder die
Augen und ließ mich entspannen. Ich konnte hören, **wie**
sie sich bewegte, aber ich öffnete meine Augen nicht.
Ich war damit zufrieden, einfach nur in der Sonne zu
liegen und dem Rauschen der Wellen zu lauschen, die
an den Strand **schlugen**. Nach ein paar Minuten ging
sie weg, und ich öffnete die Augen. Ich sah ihr nach,
wie sie zu ihrem Liegestuhl zurückging und ihr Buch
in die Hand nahm. Sie ließ sich in ihrem Sessel nieder
und begann zu lesen.

oí que alguien se acercaba a mí. Abrí los ojos y vi a una mujer de pie junto a mí. Llevaba un bikini y una toalla alrededor de la cintura. Tenía el pelo largo y rubio y los ojos azules. Llevaba un bote de **crema solar** en la mano. "¿Te importa si te pongo un poco de crema solar en la espalda?", me preguntó. "No, está bien", dije, sentándome para que pudiera alcanzar mi espalda. Sentí sus manos en mi piel mientras me aplicaba el protector solar.

Su tacto era suave y el aroma de la crema solar era relajante. Volví a cerrar los ojos y me relajé. Podía oír el **sonido** de sus movimientos, pero no abrí los ojos. Me contenté con estar tumbado al sol, escuchando el sonido de las olas **que** chocaban contra la orilla. Después de unos minutos, se alejó y abrí los ojos. La observé mientras volvía a su tumbona y cogía su libro. Se acomodó en su silla y empezó a leer. Volví a cerrar los ojos y me dejé llevar por el sueño. **Soñé** que nadaba en la piscina, dando vueltas de un lado a otro. El agua era refrescante y fresca en mi piel. Podía sentir el sol en mi cara y el calor del agua rodeándome. Nadé durante lo que **me parecieron** horas, hasta que finalmente llegué al otro lado de la piscina y salí. Me secé con una toalla y me tumbé en la tumbona. Sentí que alguien se sentaba a mi lado y abrí **los ojos** para ver a la mujer de antes. Me dio una bebida fría y nos sentamos juntos, disfrutando del sol y de la compañía del otro.

Verständnisfragen

1. Wo war der Erzähler, als er die Geschichte begann?

2. Was riecht der Erzähler, wenn er seine Augen öffnet?

3. Was hört der Erzähler, als er seine Augen öffnet?

4. Wem gehört die Sonnencreme, die die Frau dem Erzähler gibt?

5. Wovon träumt der Erzähler?

6. Warum ist das Schwimmen im Meer für den Erzähler so besonders?

7 Wie fühlt sich das Wasser an, in dem der Erzähler schwimmt?

8. Was sieht der Erzähler, als er aus dem Wasser kommt?

9. Was tut die Frau, nachdem sie den Erzähler mit Sonnencreme eingecremt hat?

Preguntas de comprensión

1. ¿Dónde estaba el narrador cuando comienza la historia?

2. ¿Qué huele el narrador cuando abre los ojos?

3. ¿Qué oye el narrador cuando abre los ojos?

4. ¿De quién es el protector solar que le da la mujer al narrador?

5. ¿Con qué sueña el narrador?

6. ¿Por qué nadar en el mar es tan especial para el narrador?

7.¿Cómo se siente el agua en la que nada el narrador?

8. ¿Qué ve el narrador cuando sale del agua?

9. ¿Qué hace la mujer después de aplicar la crema solar al narrador?

Mähen des Rasens

Es ist 10 Uhr morgens an einem **Sommersamstag**, und die Sonne brennt bereits erbarmungslos auf die Erde. Sie stapfen in die Garage, um den Rasenmäher zu holen, und haben das Gefühl, dass Sie zu harter Arbeit **verurteilt werden**. Du fängst an, den Rasen zu mähen, wobei du darauf achtest, dass du schön langsam vorgehst, damit du keine Stelle übersiehst. Während du mähst, denkst du daran, wie gut es sich anfühlt, draußen an der frischen Luft zu sein. Als du den Rasenmäher hin und her schiebst, siehst du aus dem **Augenwinkel** deinen Nachbarn. Sie winken und grüßen, und er winkt zurück.

Nach ein paar Minuten sind Sie fertig und gehen zum Haus Ihres Nachbarn, um mit ihm im Vorgarten ein Bier zu trinken. Es ist ein **perfekter** Tag - nicht zu heiß, und es weht eine leichte Brise. Sie sitzen im Schatten des Baumes, nippen an Ihrem Bier und unterhalten sich mit Ihrem Nachbarn. Es sind Tage wie dieser, an denen man den Sommer zu schätzen weiß. Dann **gehen Sie** ins Haus, um ein wohlverdientes Bier zu trinken. Sie lassen sich in einen Stuhl auf der Veranda fallen, öffnen die Dose und lassen einen zufriedenen Seufzer los. Das Geräusch des Rasenmähers tritt in den Hintergrund, während du dich im Schatten entspannst und die **Ruhe** des Augenblicks genießt. Das Bier schmeckt besonders gut nach all der harten Arbeit in der Hitze. Ich wollte gerade ins Haus gehen, als ich nebenan ein Geräusch hörte.

Cortar el césped

Son las 10 de la mañana de un **sábado** de verano y el sol ya está pegando sin piedad. Te diriges al garaje para coger el cortacésped, con la sensación de que te están **condenando** a trabajos forzados. Empiezas a cortar el césped, asegurándote de ir despacio para no perder ningún punto. Mientras cortas, piensas en lo bien que te sientes al aire libre. Cuando empiezas a empujar el cortacésped de un lado a otro del césped, ves a tu vecino de **reojo**. Le saludas con la mano y él te devuelve el saludo.

Después de unos minutos, has terminado y te diriges a la casa de tu vecino para tomar una cerveza con él en el jardín delantero. Es un día **perfecto**: no hace demasiado calor y sopla una suave brisa. Te sientas a la sombra del árbol, bebes tu cerveza y charlas con tu vecino. Son días como éste los que te hacen apreciar el verano. Luego entras a tomar una merecida cerveza. Te tumbas en una silla del porche y abres la lata, dejando escapar un suspiro de satisfacción. El sonido del cortacésped pasa a un segundo plano mientras te relajas a la sombra, disfrutando de la **tranquilidad del** momento. La cerveza sabe muy bien después de todo el trabajo duro en el calor. Estaba a punto de entrar cuando oigo un ruido en la puerta de al lado.

Parecía que alguien estaba llorando. Dejé de cortar el césped y me acerqué a la valla que separaba nuestros patios. Me asomé y vi a mi vecina, la señora Johnson, llorando en el columpio de su porche. La llamé, pero

Es **hörte sich an**, als ob jemand weinen würde. Ich hörte auf zu mähen und ging zu dem Zaun, der unsere Gärten trennte. Ich spähte hinüber und sah meine Nachbarin, Mrs. Johnson, weinend auf ihrer Verandaschaukel. Ich rief nach ihr, aber sie hörte mich nicht. Ich kletterte über den Zaun und ging zu ihr hinüber. "Mrs. Johnson, geht es Ihnen gut?" fragte ich. Sie schaute mich mit Tränen in den Augen an und schüttelte den Kopf. "Nein, mir geht es nicht gut", sagte sie. "Meine Katze ist gestern gestorben." Ich war schockiert. Ich wußte nicht, was ich sagen sollte. Ich stand nur unbeholfen da und wusste nicht, was ich tun sollte. Schließlich legte ich ihr die Hand auf die **Schulter** und sagte: "Es tut mir so leid, Mrs. Johnson. Wenn ich Ihnen irgendwie helfen kann, lassen Sie es mich bitte wissen. "Sie schüttelte den Kopf und sagte: "Nein, es gibt **nichts**, was man tun könnte." Dann stand sie auf und ging in ihr Haus. Ich stand einen Moment lang da und wusste nicht, was ich tun sollte. Dann mähte ich wieder meinen Rasen. Als ich fertig war, musste ich unweigerlich an Frau Johnson und ihre Katze denken.

no me oyó. Trepé por la valla y me acerqué a ella. "Sra. Johnson, ¿está usted bien?" le pregunté. Me miró con lágrimas en los ojos y negó con la cabeza. "No, no estoy bien", dijo. "Mi gato murió ayer". Me sorprendió. No sabía qué decir. Me quedé de pie, sin saber qué hacer. Finalmente, le puse la mano en **el hombro** y le dije: "Lo siento mucho, señora Johnson. Si hay algo que pueda hacer para ayudar, por favor hágamelo saber". "Ella negó con la cabeza y dijo: "No, **no hay nada** que nadie pueda hacer". Luego se levantó y entró en su casa. Me quedé allí un momento, sin saber qué hacer. Luego volví a cortar el césped. Mientras terminaba, no pude evitar pensar en la señora Johnson y su gato.

Verständnisfragen

1. Wie spät ist es?

2. Wo mäht die Person?

3. Wie fühlt sich die Person?

4. Warum muss die Person langsam mähen?

5. Was für ein Wetter ist es?

6. Was macht die Person nach dem Mähen?

7. Was hört die Person, bevor sie nach Hause geht?

8. Wer ist bei Mrs. Johnson?

9. Warum weint Mrs. Johnson?

Preguntas de comprensión

1. ¿Qué hora es?

2. ¿Dónde está la persona que corta el césped?

3. ¿Cómo se siente la persona?

4. ¿Por qué hay que segar despacio?

5. ¿Qué tiempo hace?

6. ¿Qué hace la persona después de segar?

7. ¿Qué oye la persona antes de irse a casa?

8. ¿Quién está con la Sra. Johnson?

9. ¿Por qué llora la Sra. Johnson?

Zum Haareschneiden

Ich wollte mir schon seit Wochen die Haare schneiden lassen, aber irgendwie habe ich es immer wieder aufgeschoben. Aber da **Weihnachten** vor der Tür stand, wusste ich, dass ich es nicht länger aufschieben konnte. Ich wollte beim Weihnachtsessen meiner Familie nicht wie ein schmuddeliges Etwas erscheinen. Also machte ich mich am frühen Weihnachtsmorgen auf den Weg zum Friseur. Obwohl es noch früh war, war der Salon schon voll mit anderen Leuten, **die sich** für die Feiertage die Haare machen ließen. Ich nahm meinen Platz in der Schlange ein und wartete, bis ich an der Reihe war. Endlich war ich mit dem Stuhl dran. Die Friseurin, eine freundliche Frau namens Jill, fragte mich, was ich wollte. "Nur einen Trimmschnitt, nichts allzu Drastisches", antwortete ich. Jill machte sich an die Arbeit und schnippelte an meinem Haar herum. Während sie arbeitete, begann ich mich zu entspannen. Es war ein gutes Gefühl, mich endlich um mich selbst zu kümmern. In letzter Zeit war ich so sehr damit beschäftigt gewesen, mich um alle anderen zu kümmern, dass ich meine eigenen Bedürfnisse vernachlässigt hatte. Aber das war **vorbei**. Von nun an wollte ich mir Zeit für mich nehmen.

Als Jill fertig war, schaute ich in den Spiegel und war mit dem, was ich sah, zufrieden. Mein Haar sah ordentlich und glänzend aus - perfekt für Festtagsfeiern. Ich **bedankte mich bei** Jill und nahm **mir vor, öfter**

Cortarse el pelo

Llevaba semanas queriendo cortarme el pelo, pero siempre me las arreglaba para posponerlo. Pero con **la Navidad a** la vuelta de la esquina, sabía que no podía posponerlo más. No quería llegar a la cena de Navidad de mi familia con un aspecto desaliñado. Así que, a primera hora de la mañana de Navidad, me dirigí a la peluquería. Aunque era temprano, la peluquería ya estaba ocupada con otras personas que se **estaban** peinando para las fiestas. Me puse en la cola y esperé mi turno. Finalmente, me tocó el turno de la silla. La estilista, una amable mujer llamada Jill, me preguntó qué quería. "Sólo un recorte, nada demasiado drástico", respondí. Jill se puso a trabajar, recortando mi pelo. Mientras trabajaba, empecé a relajarme. Me sentí bien por fin cuidando de mí misma. Últimamente había estado tan ocupada, corriendo de un lado a otro cuidando de los demás, que había dejado de lado mis propias necesidades. Pero **ya** no. A partir de ahora, iba a sacar tiempo para mí.

Cuando Jill terminó, me miré en el espejo y quedé satisfecha con lo que vi. Mi cabello se veía ordenado y pulido, perfecto para las reuniones navideñas. **Le di las gracias a Jill** y tomé nota de que volvería más a menudo. A partir de ahora, lo primero que haré será cuidarme a mí misma. Se puso a trabajar cortando mi cabello. Pensé en lo agradecida que estaba de haberme cortado el pelo por fin. Me sentí bien al saber que estaría presentable para la **cena de** Navidad. Ya no tendría que preocuparme de que mi familia

wiederzukommen. Von nun an werde ich mich in erster Linie um mich selbst kümmern. Sie machte sich an die Arbeit und schnippelte an meinem Haar herum. Ich dachte darüber nach, wie dankbar ich war, dass ich endlich dazu gekommen war, mir die Haare schneiden zu lassen. Es war ein gutes Gefühl zu wissen, dass ich zum **Weihnachtsessen** vorzeigbar aussehen würde. Ich musste mir keine Sorgen mehr machen, dass meine Familie mich wegen meines "ungepflegten" Aussehens hänseln würde. Nach ein paar Minuten war der Friseur mit dem Schneiden meiner Haare fertig und föhnte sie kurz. Ich schaute in den Spiegel und war zufrieden mit dem, was ich sah - ein gepflegtes Aussehen, das perfekt für das Weihnachtsessen sein würde. Jetzt, da mein Haarschnitt erledigt war, konnte ich mich darauf konzentrieren, die Feiertage mit meiner Familie zu genießen. Und dafür war ich umso dankbarer.

Es fühlte sich so **befreiend an**, und ich war begeistert, wie mein neuer Haarschnitt aussah. Nachdem ich meinen Haarschnitt bezahlt hatte, ging ich nach Hause und fing an, für meine Reise zu packen. Ich **konnte es kaum** erwarten, meiner Familie und meinen Freunden meinen neuen Look zu zeigen. Ich wusste, dass sie überrascht sein würden, wenn sie mich sahen. Am Tag meines Fluges kam ich rechtzeitig am Flughafen an. Ich passierte die Sicherheitskontrolle ohne Probleme und war bald auf dem Weg. Als ich an meinem Zielort ankam, konnte ich die Aufregung in der Luft spüren. Weihnachten lag definitiv in der Luft! Meine Familie war da, um mich am Flughafen zu begrüßen, und sie waren alle begeistert von meinem neuen Haarschnitt.

se burlara de mi aspecto "desaliñado". Después de unos minutos, el estilista terminó de cortarme el pelo y me secó rápidamente. Me miré en el espejo y me sentí feliz con lo que vi: un aspecto limpio que sería perfecto para la cena de Navidad. Ahora que mi corte de pelo había terminado, podía centrarme en disfrutar de las vacaciones con mi familia. Y estaba aún más agradecida por ello.

Me sentí muy **liberada** y me encantó el aspecto de mi nuevo corte de pelo. Después de pagar mi corte de pelo, me fui a casa y empecé a hacer la maleta para mi viaje. Me **moría de** ganas de enseñar mi nuevo look a mi familia y amigos. Sabía que se sorprenderían cuando me vieran. El día de mi vuelo, llegué al aeropuerto con tiempo de sobra. Pasé el control de seguridad sin problemas y pronto me puse en camino. En cuanto llegué a mi destino, pude sentir la emoción en el aire. Definitivamente, ¡la Navidad está en el aire! Mi familia estaba allí para recibirme en el aeropuerto, y todos estaban sorprendidos por mi nuevo corte de pelo. Pasamos los siguientes días **poniéndonos al** día y disfrutando de la **compañía de los** demás. En Nochebuena, fuimos todos juntos a la iglesia y cantamos villancicos. Fueron unas vacaciones perfectas. Me alegro mucho de haberme cortado el pelo antes de irme de vacaciones. Hizo que toda la experiencia fuera aún más especial. Cada vez que miro **las fotos** de ese viaje, siempre recuerdo lo bien que me sentí al deshacerme por fin de todo ese peso muerto y empezar de cero con un nuevo look.

Verständnisfragen

1. Was musste der Protagonist vor Weihnachten tun?

2. Wie hat sich die Protagonistin gefühlt, als sie für sich selbst sorgte?

3. Wer hat dem Protagonisten die Haare gestutzt?

4. Warum wollte die Familie der Protagonistin sie hänseln?

5. Wie hat sich die Protagonistin gefühlt, nachdem sie ihren Haarschnitt bekommen hat?

6. Was hat die Protagonistin getan, nachdem sie sich die Haare schneiden ließ?

7. Wie hat die Familie der Protagonistin auf ihren Haarschnitt reagiert?

8. Was hat der Protagonist an Heiligabend gemacht?

9. Was hat die Erfahrung des Protagonisten zu etwas Besonderem gemacht?

Preguntas de comprensión

1. ¿Qué tenía que hacer el protagonista antes de Navidad?

2. ¿Cómo se sentía la protagonista al cuidar de sí misma?

3. ¿Quién recortó el pelo del protagonista?

4. ¿Por qué la familia de la protagonista iba a burlarse de ella?

5. ¿Cómo se sintió la protagonista después de cortarse el pelo?

6. ¿Qué hizo la protagonista después de cortarse el pelo?

7. ¿Cuál fue la reacción de la familia de la protagonista ante su corte de pelo?

8. ¿Qué hizo el protagonista en Nochebuena?

9. ¿Qué hizo que la experiencia del protagonista fuera más especial?

Der Park

Die Sonne ging gerade unter, und der Park war leer. Ich saß auf der Bank und wartete auf meine **Freundin**. Wir hatten uns vor einer Stunde hier verabredet, aber sie war immer zu spät. Gerade als ich aufgeben und nach Hause gehen wollte, sah ich sie auf mich zulaufen.
"Es tut mir so leid", keuchte sie, als sie die Bank erreichte. "Mein Zug **hatte Verspätung**."
"Ist schon gut", sagte ich **verzeihend**. "Ich bin auch gerade erst gekommen."
Wir setzten uns hin und unterhielten uns eine Weile, wobei wir uns über das Leben des jeweils anderen unterhielten, seit wir uns das letzte Mal gesehen hatten. Die Unterhaltung verlief **mühelos**, und es kam uns vor, als sei seit unserer letzten Begegnung überhaupt keine Zeit vergangen. Als die Sonne unterging, verabschiedeten wir uns und gingen unsere eigenen Wege. Das nächste Mal, als wir uns trafen, war es in einem anderen Park. Wieder war sie spät dran, aber das machte mir nichts aus. Es war schön, jemanden zum Reden zu haben, der mich **verstand**. Wir sprachen über unsere Träume und **Hoffnungen**, über die Dinge, die wir in unserem Leben tun wollten. Sie erzählte mir von ihren Plänen, die Welt zu bereisen, und ich erzählte von meinem Traum, Schriftstellerin zu werden. Als die Sonne an einem anderen Tag unterging, verabschiedeten wir uns noch einmal und versprachen uns, diesmal in Kontakt zu bleiben.

Die Jahre vergingen, und unsere **Freundschaft** blieb

El parque

El sol se ponía y el parque estaba vacío. Me senté en el banco, esperando a mi **amiga**. Habíamos quedado aquí hace una hora, pero ella siempre llegaba tarde. Justo cuando estaba a punto de rendirme y volver a casa, la vi correr hacia mí.

"Lo siento mucho", jadeó al llegar al banco. "Mi tren se **retrasó**".

"Está bien", dije **con perdón**. "Acabo de llegar yo mismo".

Nos sentamos y charlamos un rato, poniéndonos al día de la vida de cada uno desde la última vez que nos vimos. La conversación fluye con **facilidad** y parece que no ha pasado nada de tiempo desde la última vez que nos vimos. Al ponerse el sol, nos despedimos y nos fuimos por caminos distintos. La siguiente vez que nos vimos fue en otro parque. De nuevo, llegó tarde, pero no me importó. Era agradable tener a alguien con quien hablar y que me **entendiera**. Hablamos de nuestros sueños y **aspiraciones**, de las cosas que queríamos hacer con nuestras vidas. Ella me contó sus planes de viajar por el mundo, y yo compartí mi sueño de convertirme en escritor. Al ponerse el sol un día más, nos despedimos una vez más, prometiendo que esta vez nos mantendríamos en contacto.

Pasaron los años, y nuestra **amistad** siguió siendo fuerte aunque ahora vivíamos en diferentes partes del país. Nos mantuvimos en contacto a través de cartas y llamadas telefónicas ocasionales, compartiendo

bestehen, obwohl wir jetzt in verschiedenen Teilen des Landes lebten. Wir hielten den Kontakt durch Briefe und gelegentliche Telefonate aufrecht und teilten uns gegenseitig die Neuigkeiten aus unserem Leben mit. Als sie ankündigte, dass sie heiraten würde, war ich nicht **überrascht** - sie war schon immer der **abenteuerlustige** Typ gewesen. Aber als sie mich fragte, ob ich ihre Trauzeugin bei ihrer Hochzeitsfeier sein würde, die am anderen Ende der Welt stattfand, musste ich sie erst einmal überzeugen! Letztendlich konnte ich jedoch nicht zulassen, dass meine beste Freundin ohne mich an ihrer Seite heiratet, und so **stimmte** ich trotz meiner Befürchtungen (und nach langem Bitten ihrerseits!) zu, das **Abenteuer** meines Lebens mitzumachen.

Endlich war der Tag der **Hochzeit** gekommen. Ich war nervös, aber auch aufgeregt, bei einem so wichtigen Moment im Leben meiner Freundin dabei zu sein. Die Zeremonie war wunderschön, und sie sah glücklich aus, als sie ihr Gelübde ablegte. **Danach** feierten wir mit einer großen Party - es schien, als ob jeder, den sie kannte, gekommen war, um mit ihr zu feiern! Es war ein **magischer** Tag, den ich nie vergessen werde, und unsere Freundschaft ist nach diesem Abenteuer nur noch stärker geworden. Heute, Jahre später, halten wir immer noch Kontakt. Wir haben uns beide sehr verändert, seit wir uns kennengelernt haben, aber unsere Freundschaft ist so stark wie eh und je. Wann immer wir uns treffen - sei es in einem Park oder am **anderen Ende der** Welt - fühlt es sich an, als wäre keine Zeit vergangen.

noticias de nuestras vidas. Cuando anunció que se iba a casar, no me **sorprendió**, ya que siempre había sido una **aventurera**. Pero cuando me pidió que fuera su dama de honor en la ceremonia de su boda, que se celebraba al otro lado del mundo desde donde yo vivía... ¡hubo que convencerla! Al final, no podía dejar que mi mejor amiga se casara sin estar a su lado, así que, a pesar de mis temores (¡y tras muchas súplicas por su parte!), acepté acompañarla en lo que resultó ser la **aventura** de su vida.

Por fin llegó el día de la **boda**. Estaba nerviosa, pero emocionada por formar parte de un momento tan importante en la vida de mi amiga. La ceremonia fue preciosa, y ella parecía feliz mientras decía sus votos. **Después**, lo celebramos con una gran fiesta: ¡parecía que todos sus conocidos habían venido a celebrarlo con ella! Fue un día **mágico** que nunca olvidaré, y nuestra amistad no hizo más que fortalecerse después de aquella aventura. Ahora, años después, seguimos en contacto. Las dos hemos **cambiado** mucho desde que nos conocimos, pero nuestra amistad es tan fuerte como siempre. Cada vez que nos encontramos, ya sea en un parque o en **el otro lado del mundo**, parece que no ha pasado el tiempo.

Verständnisfragen

1. Wo haben sich die Autorin und ihr Freund zum ersten Mal getroffen?

2. Warum kam der Freund des Autors zu spät zu ihrem Treffen?

3. Worüber sprachen die Freunde, als sie sich Jahre später wieder trafen?

4. Wie hat sich die Autorin gefühlt, als sie an der Hochzeit ihrer Freundin teilnahm?

5. Beschreiben Sie den Rahmen der Hochzeitszeremonie.

6. Wie hat sich die Freundschaft zwischen den beiden Frauen im Laufe der Zeit verändert?

7. Was ist der Traum des Autors?

8. Wohin plant der Freund des Autors zu reisen?

9. Warum hat die Autorin gezögert, an der Hochzeit ihrer Freundin teilzunehmen?

Preguntas de comprensión

1. ¿Dónde se conocieron la autora y su amiga?

2. ¿Por qué el amigo del autor llegó tarde a su reunión?

3. ¿De qué hablaron los amigos cuando se reencontraron años después?

4. ¿Cómo se sintió la autora al asistir a la ceremonia de la boda de su amiga?

5. Describe el escenario de la ceremonia de la boda.

6. ¿Cómo ha cambiado la amistad entre las dos mujeres a lo largo del tiempo?

7. ¿Cuál es el sueño del autor?

8. ¿Dónde piensa viajar el amigo del autor?

9. ¿Por qué la autora dudó en asistir a la ceremonia de boda de su amiga?